Assessment Program

Spanish Translation

Grade 5

Printed in the United States of America.

ISBN 0-15-310211-X

2 3 4 5 6 7 8 9 10 073 2000 99 98

Harcourt Brace & Company

Orlando Atlanta Austin Boston San Francisco Chicago Dallas New York Toronto London

http://www.hbschool.com

Assessment Program

Assessment is an ongoing process that is integral to helping students increase their understanding and appreciation of artworks and art processes. Meaningful and appropriate assessment improves both the content and outcomes of art instruction. It provides the information needed to make sound decisions regarding the art curriculum and how to implement it effectively.

The ***Art Express** Assessment Program* makes it easy for teachers to formally and informally evaluate students' understanding of the content in each lesson in the *Pupil Edition*.

- Two reproducible assessment pages are provided that correspond to each lesson in the *Pupil Edition*, beginning with an objective set of items to assess vocabulary and concept knowledge. Each lesson-level assessment also includes a writing prompt like those found in state writing assessments. The writing prompt requires students to use what they have learned to write a composition such as an informative essay, a persuasive letter, or a story. A detailed, prompt-specific graphic organizer leads students through the writing task, guiding them to include the important aspects of the particular writing form.
- A two-page review at the end of each unit provides additional opportunities to assess student learning. Review activities—presented in a variety of assessment formats, including popular standardized test formats—assess students' knowledge of unit vocabulary and concepts as they relate to the unit theme.
- Rubrics are provided to help evaluate student compositions. As an alternative, teachers may choose to have students assess and reflect on their own work using the self-evaluation checklists also provided.
- Additional evaluation instruments that can be used to informally assess student artworks, portfolios, interests, and essential knowledge are provided as blackline masters.
- The Word Card blackline masters can be duplicated and used to help students learn and review important art vocabulary.

Whether you prefer formal or informal evaluation, the ***Art Express** Assessment Program* provides ongoing and regular opportunities to reflect on students' progress and make informed instructional decisions.

Índice

...s de crear

Herencia y cambio

Nombre ______________________________

Vocabulario y conceptos

textura
geométricas
orgánicas

 **Escribe bajo cada dibujo la palabra del recuadro que le corresponda. Luego completa la oración.**

1. figuras ____________________
2. figuras ____________________
3. La lija tiene una ____________________ áspera.

 **En los ejercicios 4–6 encierra en un círculo la letra de la palabra o frase que mejor complete la oración. Escribe una oración para responder a la pregunta 7.**

4. Un __________ tiene figura orgánica.
   A. triángulo
   B. huevo
   C. hexágono
   D. tablero de ajedrez

5. La textura de una obra de arte es __________.
   A. la figura y el diseño
   B. los colores
   C. cómo se siente o parece que se siente al tacto
   D. las figuras geométricas y orgánicas

6. Algunas palabras que describen la textura son __________.
   A. *áspero*, *liso* y *esponjoso*
   B. *rojo*, *anaranjado* y *amarillo*
   C. *delgado*, *grueso* y *bajo*
   D. *orgánico*, *redondo* y *natural*

7. En la Lección 1 viste las imágenes de un bisonte y un venado. ¿Por qué crees que los artistas representaban esos animales en sus obras de arte? ______________________________

____

Nombre ____________________________________

Escribe acerca de las Watts Towers

Planea y escribe **Observa cuidadosamente el *Art Print 6.* Escribe un ensayo de 3 ó 4 párrafos en el que describas con detalle las Watts Towers. Concéntrate en las figuras y las texturas que Simon Rodia creó. Planea el ensayo en la red siguiente. Luego escribe el ensayo en una hoja aparte. Usa la red como referencia mientras escribes. Puedes escribir un párrafo acerca de las figuras y el tamaño, otro acerca de la textura y el color, y un tercer párrafo sobre lo que sientes cuando ves las Watts Towers.**

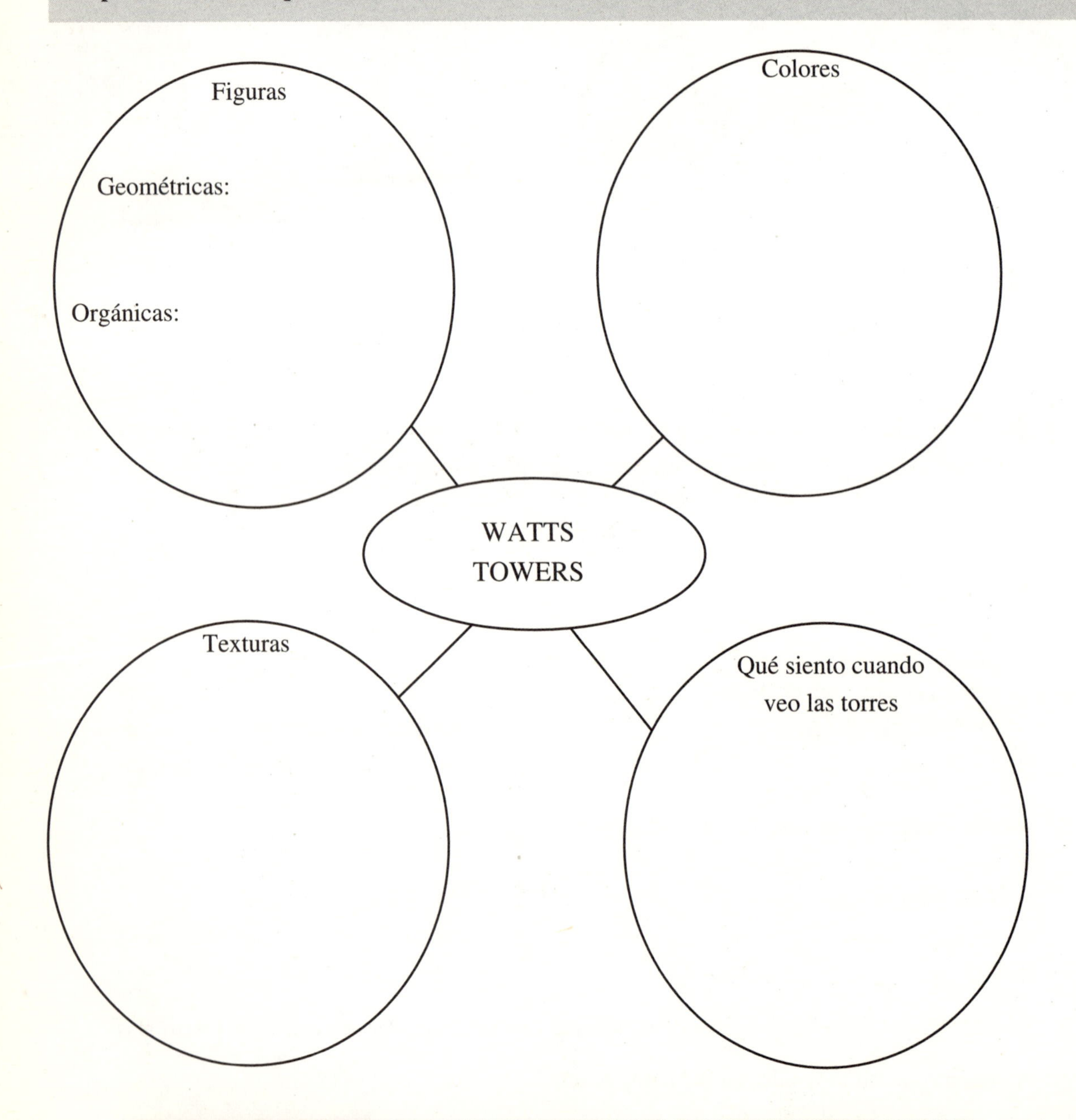

NOTA PARA EL MAESTRO Muestre el *Art Print 6* mientras los estudiantes completan esta página.

Nombre ____

Vocabulario y conceptos

sombreado
valor
tridimensional
toques de luz
bidimensional

A **Completa las siguientes oraciones con una palabra o frase del recuadro.**

1. La superficie de una pared es plana, es decir es ______________________.

2. Una manzana es ______________________.

3. Algunas veces los artistas usan el ______________________, es decir pintan líneas pequeñas, para mostrar las sombras.

4. Un color puede ser más claro o más oscuro. Eso se llama su ______________________.

5. Los artistas pueden usar ______________________ para mostrar donde la luz toca al objeto.

B **Escribe las respuestas a las siguientes preguntas.**

6. ¿Cómo puede un artista darle un valor más oscuro a un color? ______________________________

____

7. Compara las caras que aparecen en el *Art Print 11*, *Zechariah*, con este dibujo de una cara. ¿Qué hizo Miguel Ángel para que las personas y los objetos de sus pinturas parecieran tridimensionales? ______________________

____

____

8. ¿De dónde proviene la luz en el Art *Print 11?* Explica cómo lo sabes.

____

____

____

NOTA PARA EL MAESTRO Muestre el *Art Print 11* mientras los estudiantes completan esta página.

Nombre ______________________________

Lección 2

LUZ Y SOMBRA

Escribe un cuento

Planea y escribe Imagínate que tú y un amigo deben pasar la noche en el faro que aparece en la pintura de Edward Hopper, *The Lighthouse at Two Lights.* Escribe un cuento acerca de lo que sucede. Primero escribe en el siguiente mapa acerca del escenario (el faro de noche) y de los personajes (tú y un amigo). Luego imagínate un problema que debe solucionarse en el cuento. Piensa acerca de los sucesos que podrían conducir a la solución del problema. Incluye detalles claros para que tu cuento sea interesante. Planea tu cuento en el mapa siguiente. Escribe el cuento en una hoja aparte.

Escenario: Cuándo: Dónde:	Personajes:

Problema:

Banco de Ideas:
- ruido misterioso
- techo que gotea
- animal

Comienzo:

Desarrollo:

Solución:

Conclusión:

Nombre ____

Vocabulario y conceptos

Observa el dibujo. Para los ejercicios 1–4, escribe en el espacio en blanco la letra de la frase que mejor complete cada oración. Escribe la respuesta para el ejercicio 5.

1. Hay un barco de vela en __________.

2. Varias personas corren en __________.

3. Un hombre duerme la siesta en __________.

4. El agua traslapa __________.

A. el barco de vela y la isla

B. el plano intermedio

C. el fondo

D. el primer plano

5. Imagínate que un pintor quiere pintar esta escena a colores, usando perspectiva aérea para indicar la distancia entre los objetos. ¿Qué debe pintar de color pálido o sin brillo? ¿Qué debe pintar de color brillante e intenso? ____

____

____

B **En los ejercicios 6–7 encierra en un círculo la letra de la respuesta correcta.**

6. Observa el *Art Print 4, Good Neighbors.* ¿Aproximadamente qué distancia parece haber entre las personas que aparecen en primer plano y las nubes del fondo?

A. un pie

B. unos pocos pies

C. unas pocas yardas

D. una milla o más

7. En el *Art Print 4* la mujer que está cocinando con leña está en el __________.

A. primer plano

B. plano intermedio

C. fondo

D. aire

NOTA PARA EL MAESTRO **Muestre el *Art Print 4* mientras los estudiantes completan esta página.**

Nombre ____

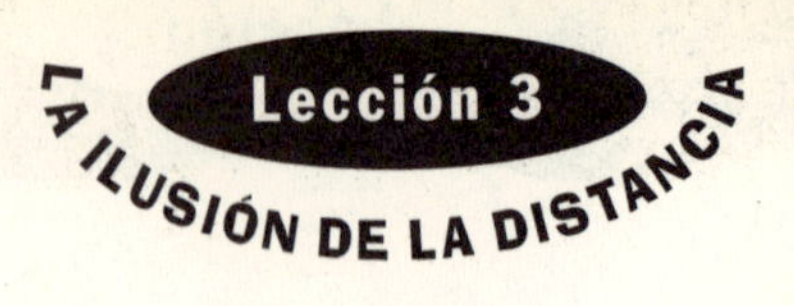

Escribe sobre un día al aire libre

Planea y escribe Los paisajistas, como Thomas Cole y Anna Belle Lee Washington, pasan mucho tiempo al aire libre, pintando hermosos paisajes. Piensa en la última vez que pasaste algunas horas o todo el día al aire libre. Escribe una carta a un amigo contándole a dónde fuiste, cuánto tiempo pasaste ahí, con quién fuiste, cómo era el clima, qué hiciste, qué te gustó de ese día y qué no te gustó. Planea tu carta en el siguiente organizador. Luego escríbela en una hoja aparte.

Saludo Querido(a) ______________________: Escribe aquí el nombre de tu amigo.	**Encabezamiento:** Tu dirección y la fecha.

CUERPO DE LA CARTA

Primer párrafo: Explica a tu amigo por qué le estás escribiendo esta carta. Dile:

- el nombre del lugar a dónde fuiste
- cuánto tiempo pasaste allí
- con quién estabas
- qué tiempo hacía

Segundo párrafo: Dile qué hiciste. Describe cada actividad con detalle.

1.

2.

3.

Tercer párrafo: Explica lo que te gustó y lo que no te gustó.

Me gustó:

No me gustó:

Despedida

tu amigo, (O piensa una despedida diferente)

____

Firma aquí

Nombre ______________________________

Vocabulario y conceptos

Observa los dibujos A, B y C para responder las preguntas 1–3.

Dibujo A

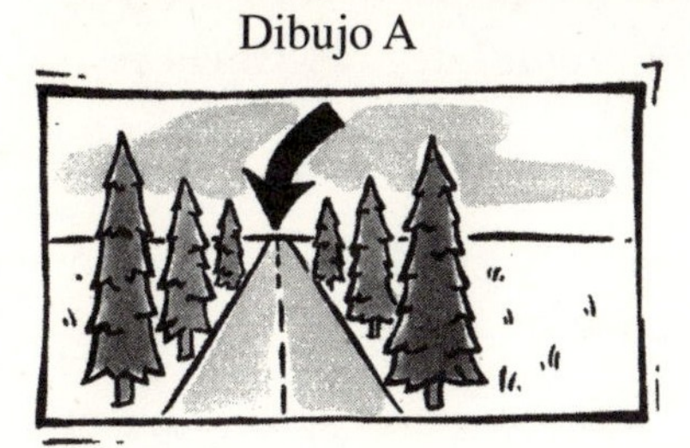

Dibujo B

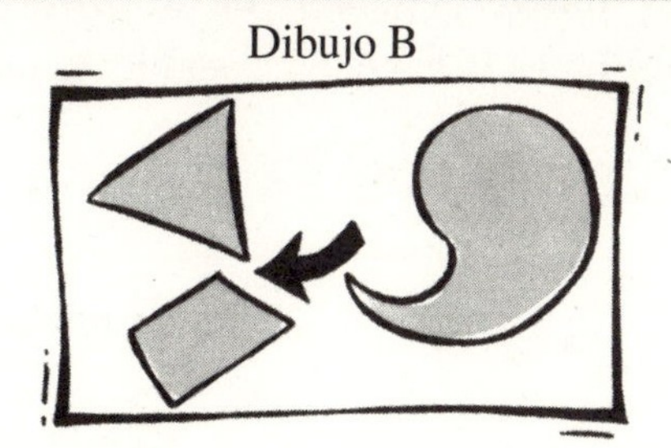

Dibujo C

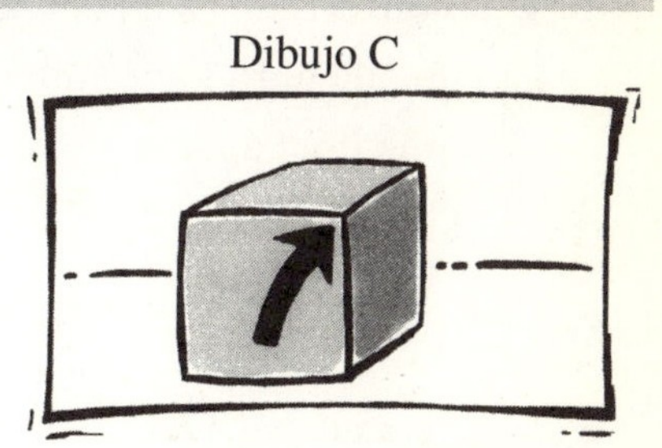

1. ¿Qué dibujo(s) tiene(n) **profundidad** o tres dimensiones? ____________________

2. Observa las flechas que aparecen en los tres dibujos. ¿En qué dibujo la flecha señala un **punto de fuga**?

   ____

3. ¿Tiene el dibujo B **perspectiva lineal?** Explica por qué. ____________________

   ____

B **Elige la mejor respuesta y rellena el círculo de la letra que le corresponda.**

RESPUESTAS

4. (A) (B) (C) (D)
5. (A) (B) (C) (D)
6. (A) (B) (C) (D)
7. (A) (B) (C) (D)

4. Los artistas usan la perspectiva lineal para que sus obras tengan __________.

   A. color **B.** profundidad **C.** figuras **D.** valor

5. Una pintura o dibujo con perspectiva lineal __________.

   A. parece plana o bidimensional
   B. parece como si el espectador pudiera entrar en la escena
   C. siempre tiene personas
   D. siempre tiene árboles o un camino

6. Imagínate cuadros con las siguientes escenas. ¿Cuál es probable que tenga un punto de fuga?

   A. una pradera
   B. un océano
   C. un río que fluye hacia el espectador
   D. un árbol en un campo

7. Si caminaras por un camino largo y recto, como el del cuadro de Van Gogh, el punto de fuga __________.

   A. no estaría en el mismo lugar
   B. desaparecería por completo
   C. estaría en el mismo lugar
   D. estaría detrás del espectador

Nombre ______________________________

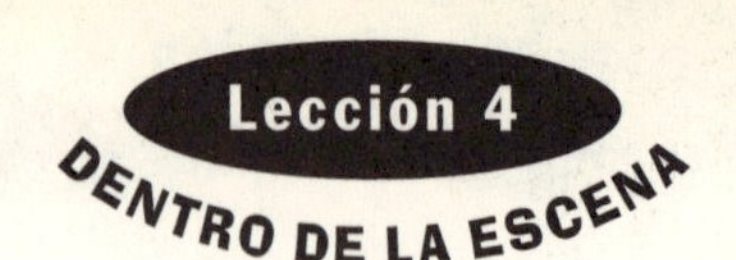

Escribe una carta al director

Planea y escribe El cuadro de Van Gogh *Avenue of the Alyscamps* muestra a varias personas caminando por una larga avenida arbolada. Piensa en una calle del pueblo o la ciudad donde vives que te gustaría que fuera sólo para peatones, es decir, no circularan vehículos por ella. Escribe una carta al director del periódico local. Dile qué calle crees que podría convertirse en una zona peatonal. Da detalles de las razones por las que tal cambio sería bueno para tu vecindario. Planea la carta en el siguiente organizador. Luego escríbela en una hoja aparte.

Saludo	**Encabezamiento:**
Estimado(a) Sr.(a): ______________	Tu dirección y la fecha

CUERPO DE LA CARTA

Primer párrafo: Di primero qué calle crees que debe ser convertida en peatonal. Escribe una oración que presente el tema y que despierte el interés del director.

Segundo párrafo: Luego da ejemplos concretos de:

1. Cómo va a beneficiar la calle peatonal a los comerciantes:

   Ejemplo concreto:

2. Cómo beneficiaría la calle peatonal a los adultos que van de compras o a otros peatones adultos.

   Ejemplo concreto:

3. Cómo beneficiaría la calle peatonal a los niños:

   Ejemplo concreto:

Ultimo párrafo: Por último, vuelve a expresar tu propuesta. Indica que esperas que las personas destacadas de tu vecindario te ayuden a convertir tu idea en realidad.

Despedida
Atentamente,

____

Firma aquí

Nombre ___________________________________

Vocabulario y conceptos

A **Escribe la letra de la frase de la derecha junto a la palabra o frase que le corresponda.**

1. __________ simetría horizontal
2. __________ impresionistas
3. __________ pinceladas

A. pintores que trataban de capturar momentos pasajeros

B. trazos o marcas hechas con los pinceles

C. cuando las imágenes que están en la parte superior e inferior de un eje central corresponden

B **En los ejercicios 4–6, encierra en un círculo la letra de la frase que mejor complete cada oración. Responde la pregunta 7 con una oración completa.**

4. Muchos cuadros impresionistas muestran __________.

A. a personas famosas en cuartos oscuros, iluminadas por velas
B. escenas al aire libre llenas de luz
C. objetos tal y como se ven en la vida real
D. dibujos geométricos

5. El impresionismo empezó __________.

A. en Alemania en la década de 1870
B. en Estados Unidos en la década de 1970
C. en España en la década de 1780
D. en Francia en la década de 1870

6. Los pintores de la Lección 6 usaban __________ para mostrar el movimiento en el agua.

A. pinceladas gruesas y rápidas
B. espejos
C. pintura negra
D. figuras de tres dimensiones

7. Describe cómo un pintor puede mostrar un reflejo en el agua.

____

____

Nombre ____________________

Escribe una narración personal

Planea y escribe Todos los cuadros de la Lección 5 describen una escena donde hay un lago. Piensa en un momento especial que pasaste en el agua o cerca de ella. Puedes relatar la vez que nadaste en una poza, río, lago, océano o en una alberca. Escribe una narración personal dirigida a tus compañeros de clase, en la que describas dónde fuiste y con quién, qué hiciste y por qué esa experiencia es memorable. Procura describir los sucesos ocurridos en una secuencia que tenga sentido. Incluye detalles claros que expliquen por qué esa experiencia fue especial para ti. Recuerda referirte a ti mismo como *yo*. Usa el siguiente organizador para tomar apuntes. Luego escribe la narración en un hoja aparte.

Comienzo: Di primero dónde fuiste y con quién. Escribe una oración que despierte la atención del lector. Incluye detalles que ayuden a los lectores a imaginarse el lugar que describes.

Desarrollo: Haz una lista de los sucesos ocurridos en el orden en el que tuvieron lugar. Describe con detalle cada suceso. También describe qué sintieron tú y los demás durante la experiencia.

Suceso 1:

Descripción/Detalles:

Suceso 2:

Descripción/Detalles:

Suceso 3:

Descripción/Detalles:

Conclusión: Finalmente escribe una conclusión que diga cómo terminó la experiencia. Resume las razones por las que la experiencia fue especial para ti.

Nombre ____

Vocabulario y conceptos

escultores
diagonales
esculturas
dramática

A **Completa las siguientes oraciones con una palabra del recuadro.**

1. Los dibujos y los cuadros son obras de arte bidimensionales; las ____________________ son obras de arte tridimensionales.

2. Los artistas que crean esculturas se llaman ____________________.

3. Los escultores pueden usar líneas inclinadas o ____________________ en las esculturas, para que éstas parezcan que están en movimiento.

4. Una escultura que parece estar llena de vida y sentimiento puede calificarse de

____________________.

B **Escribe la respuesta de cada una de las siguientes preguntas. Usa oraciones completas.**

5. Observa el *Art Print 3, Martin Luther King, Jr.* Describe el movimiento que ves en la escultura.

____

____

____

6. Observa el *Art Print 1, The Stampede.* Indica dónde ves líneas diagonales en el cuadro. ____________

____

____

7. Indica cómo crees que el pintor creó la ilusión de movimiento en el *Art Print 5, The Elephants.*

____

____

____

NOTA PARA EL MAESTRO **Muestre los *Art Prints 1, 3* y *5* mientras los estudiantes completan esta página.**

Nombre ______________________________

Escribe un ensayo descriptivo

Planea y escribe En la Lección 6 viste dos esculturas que muestran animales en movimiento. Escribe una descripción de dos o tres párrafos acerca de un animal en movimiento. Incluye detalles sobre el animal y explica cómo se mueve. Procura incluir palabras que describan sonidos, olores o el tacto del animal para que el lector se haga una imagen muy clara del mismo. Planea la descripción en el siguiente organizador. Luego escríbela en una hoja aparte. Puedes describir la apariencia del animal en el primer párrafo, la manera en que se mueve en el segundo párrafo y luego concluir con una descripción de lo que sientes al ver el animal.

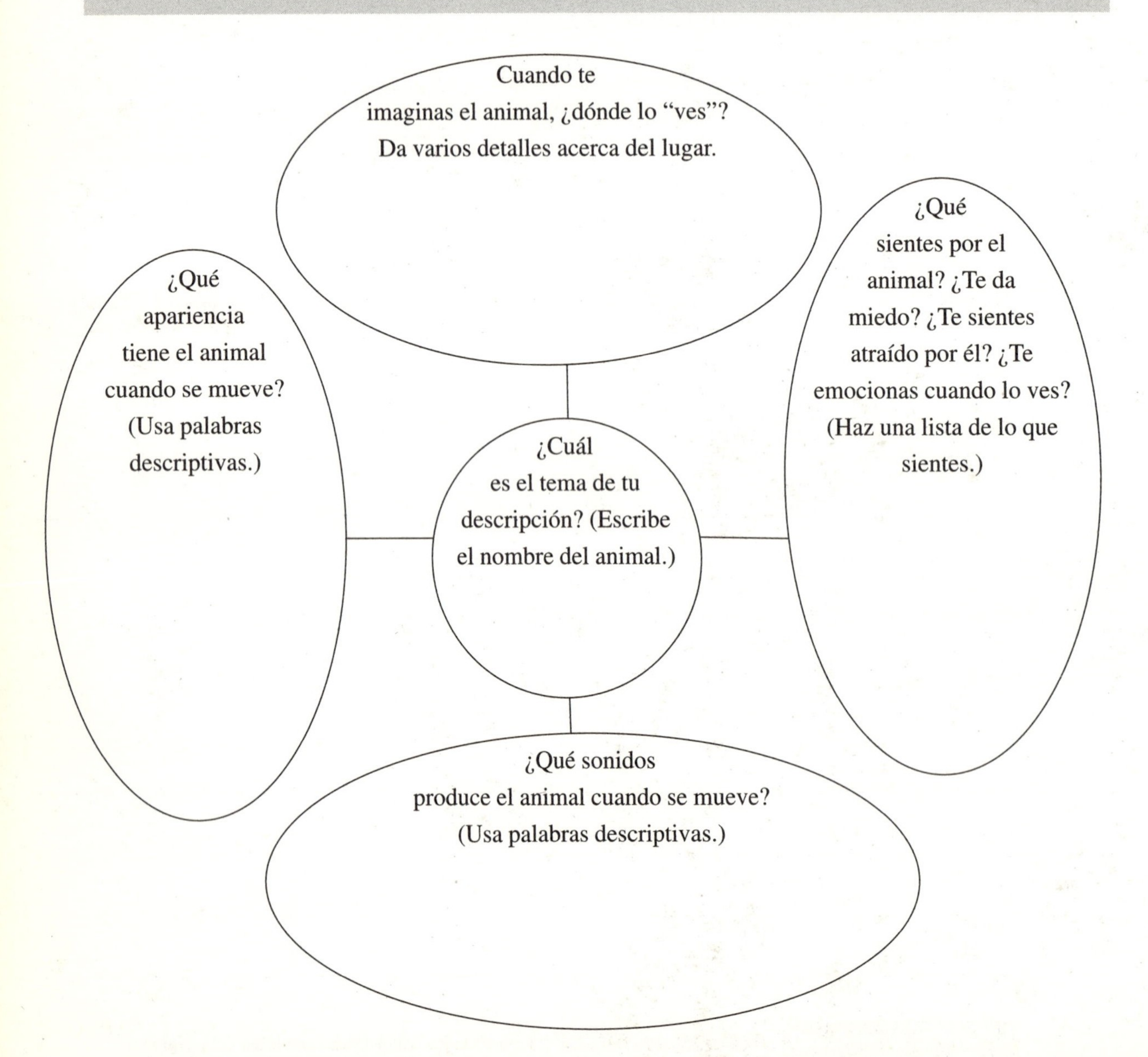

Nombre ____________________________________

Lee cada frase u oración. Busca el mejor significado de la palabra del vocabulario de arte que esté subrayada. Rellena el círculo de la respuesta correcta.

1. un cuadro bidimensional
- **A.** plano
- **B.** ancho
- **C.** profundo
- **D.** de colores vivos

2. la figura orgánica de la concha
- **A.** cuadrada, triangular
- **B.** circular
- **C.** áspera, irregular
- **D.** redondeada, ondulada

3. Figura que traslapa otra figura.
- **A.** cubre parte de
- **B.** está cubierta parcialmente
- **C.** es más pequeña que
- **D.** es más grande que

4. una línea diagonal
- **A.** plana
- **B.** gruesa
- **C.** inclinada
- **D.** coloreada

5. un diseño geométrico
- **A.** liso, pulido
- **B.** ondulado, curvilíneo
- **C.** redondeado, ondulado
- **D.** de ángulo agudo

6. forma tridimensional de una naranja
- **A.** forma redondeada
- **B.** forma plana
- **C.** línea alargada
- **D.** línea corta

RESPUESTAS

1.	(A)	(B)	(C)	(D)
2.	(A)	(B)	(C)	(D)
3.	(A)	(B)	(C)	(D)
4.	(A)	(B)	(C)	(D)
5.	(A)	(B)	(C)	(D)
6.	(A)	(B)	(C)	(D)

B **Escribe la letra de la palabra o frase que completa cada oración.**

- **A. punto de fuga**
- **B. escultura**
- **C. perspectiva atmosférica**
- **D. toque de luz**
- **E. impresionista**
- **F. plano intermedio**

7. La estatua de un caballo es un tipo de ____________________.

8. En el *Art Print 4, Good Neighbors*, hay dos árboles frutales en el ____________________.

9. En *Art Print 11, Zechariah*, las rodillas del hombre se muestran con sombras y con un ____________________.

10. Mary Cassatt fue una pintora ____________________ que pintó escenas al aire libre llenas de luz.

11. Un cuadro donde los dos lados de un camino se encuentran tiene ____________________.

12. Los artistas muestran la ____________________ al pintar el fondo con colores más pálidos y sin brillo, y el primer plano con colores más intensos y brillantes.

NOTA PARA EL MAESTRO **Muestre los *Art Prints 4, 5, 6, 11* y *12* mientras los estudiantes completan el Repaso de la Unidad.**

Nombre ______________________________ **Repaso**

Escribe o dibuja las respuestas de los siguientes ejercicios.

13. Dibuja un bosquejo de dos figuras orgánicas.

14. Dibuja un bosquejo de dos figuras geométricas.

15. Explica el significado de *sombreado* y para qué lo usan los artistas. ______________________________

____

16. Observa el *Art Print 5, The Elephants*. ¿Qué ves en el fondo? ______________________________

____

17. Observa el *Art Print 6, Watts Towers*. ¿Qué ves en el primer plano? ______________________________

____

18. Haz un dibujo simple de una escena con un punto de fuga.

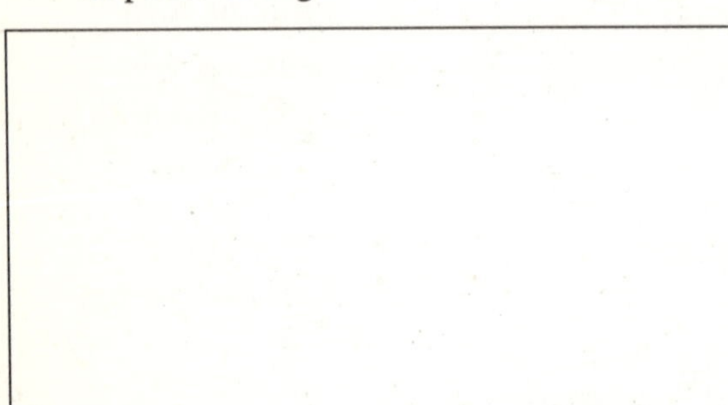

19. Haz un dibujo simple de una escena con simetría horizontal.

20. Compara el *Art Print 5, The Elephants,* con el *Art Print 12, The Sunflowers Quilting Bee at Arles*. ¿En qué cuadro se observa mayor movimiento? Explica tu respuesta. Utiliza la palabra *diagonal* en la respuesta. ______________________________

____

Nombre ______________________________

Vocabulario y conceptos

énfasis
pose
retrato
símbolos
proporciones

Completa cada oración con una palabra del recuadro.

1. En la biblioteca hay colgado un ____________________ del alcalde.

2. Si quieres pintar el retrato de alguien, debes dibujarle la cara y el cuerpo con las ____________________ correctas.

3. En Estados Unidos, el águila calva y la Campana de la Libertad son ____________________ de libertad e independencia.

4. Un pintor puede poner ____________________ en un objeto al colocarlo en primer plano en el cuadro.

5. La ____________________ es la posición que la persona asume para que el artista o el fotógrafo le hagan un retrato.

B **Escribe la respuesta a las siguientes preguntas. Usa oraciones completas.**

6. ¿Por qué podría querer un artista pintar el retrato de alguien? ______________________________

____

____

7. Describe la manera en que una persona puede posar para un retrato poniendo aires de importancia y dignidad. ______________________________

____

____

8. ¿Qué símbolos puede incluir un artista en un retrato para mostrar que la persona retratada es un maestro? ______________________________

____

____

Nombre ______________________________

Lección 7

RETRATOS

Escribe un ensayo persuasivo

Planea y escribe **Imagínate que tu maestro quiere decorar de nuevo el salón de clases. Piensa en alguien famoso a quien admiras y cuyo retrato te gustaría colgar en el salón. Escribe un ensayo persuasivo dirigido a tu maestro indicando por qué crees que deberían poner el retrato de esa persona en la clase. Procura incluir las razones de tu preferencia. Explica con detalle los rasgos de la persona para explicar por qué la admiras. Planea tu ensayo en un organizador similar al siguiente. Luego escribe el ensayo en una hoja aparte.**

1. **Planea el comienzo.** (Indica de quién es el retrato que te gustaría que estuviera en el salón de clases. Trata de que la primera oración despierte el interés del lector.)

Primera oración: (declaración de la opinión)

2. **Planea el desarrollo.** Explica por qué sería un buen retrato para el salón de clases. Indica la razón más importante primero. (Respalda cada razón con un hecho u opinión.)

Razón 1:
Detalles
Razón 2:
Detalles
Razón 3:
Detalles

3. **Planea la conclusión.** (Vuelve a dar tu opinión acerca del retrato que crees que debería haber en el salón de clases. Trata de que los demás sigan tu sugerencia.)

Última oración: (conclusión)

Nombre ____

Vocabulario y conceptos

A **Escribe la letra de cada palabra o frase de la derecha junto a la palabra o frase que le corresponda.**

1. __________ estado de ánimo	**A.** rojo, anaranjado, amarillo
2. __________ colores cálidos	**B.** azul, violeta, morado
3. __________ colores fríos	**C.** sentimiento

B **Escribe la respuesta a cada pregunta.**

4. ¿Cómo puede un artista emplear los colores para crear un estado de ánimo? ____________________

____

____

5. Observa el *Print 7, The Wreck of the "Covenant"*. ¿Cómo describirías el estado de ánimo que expresa el cuadro? ____

____

6. ¿Cómo ha empleado el artista N. C. Wyeth el color para expresar un estado de ánimo? ____________

____

____

7. Observa el *Art Print 4, Good Neighbors*. ¿Qué estado de ánimo transmite el cuadro?

____

____

8. ¿Qué sentía Jane Wooster Scott por el vecindario que pintó en *Good Neighbors?* Explica tu respuesta.

____

____

NOTA PARA EL MAESTRO **Muestre los *Art Prints 4* y *7* mientras los estudiantes completan esta página.**

Nombre ______________________________

Escribe acerca de un acto público o un espectáculo

Planea y escribe **El cuadro que has observado en la Lección 8, *A Really Swell Parade Down Main Street* de Jane Wooster Scott, expresa una sensación de excitación y felicidad. Escribe un párrafo descriptivo acerca de un acto público o un espectáculo que hayas presenciado, como un circo, un desfile, un partido o una fiesta de tu vecindario. Ayuda a tus lectores a imaginarse lo que describes incluyendo lo que se veía, los sonidos, los olores y las sensaciones del acontecimiento. Planea tu párrafo en el siguiente organizador. Luego escribe el párrafo en una hoja aparte.**

1. **Comienzo:** Escribe una oración indicando lo que vas a describir.

2. **Desarrollo:** Usa esta tabla para ayudarte a organizar los detalles. Indica qué sentido despierta cada detalle y/o qué sensaciones causa.

Detalles:

Sentidos que despierta:

Sensaciones que causa:

3. **Planea la conclusión.** Escribe una oración final que resuma lo que sentiste por el acontecimiento y por qué.

Nombre ___________________________________

Vocabulario y conceptos

abstracto
teselas
mosaico

Completa cada oración con una palabra del recuadro.

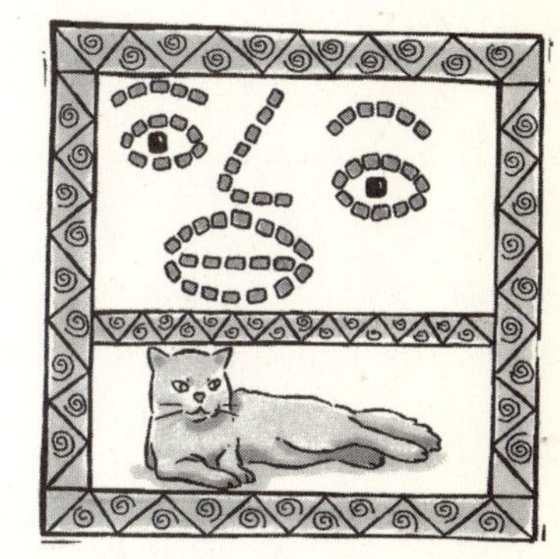

1. El dibujo del gato es realista, pero la cara de la persona está hecha con estilo ____________________ .

2. El gato es un dibujo; la cara es un ____________________ .

3. Se usaron muchas pequeñas ____________________ para crear las líneas de la cara.

B **Escribe oraciones para responder las preguntas 4–6. En los ejercicios 7 y 8 encierra en un círculo la letra de la frase que mejor complete la oración.**

4. ¿Qué es un mosaico? ____

____

5. ¿Qué propósito tienen los mosaicos que viste en la Lección 9? ____________________

____

6. ¿Por qué crees que los artistas decoran las paredes que están al aire libre con mosaicos en vez de cuadros u otra forma de arte? ____________________

____

7. Las teselas pueden ser __________ .

A. piedras pequeñas y trocitos de cerámica

B. edificios y fuentes

C. colores y texturas

8. Un mosaico de estilo no figurativo puede tener __________ .

A. imágenes de animales

B. imágenes de personas

C. un dibujo de cuadrados

Nombre ______________________________

Escribe acerca de un mosaico

Planea y escribe **Imagínate que han contratado a una artista para crear un mosaico que cubrirá la pared exterior de un edificio de tu vecindario. El mosaico tiene como propósito representar los rasgos más importantes de tu vecindario. Escribe una carta formal a la artista sugiriéndole qué representar en el mosaico. Procura dar por lo menos una razón por la que debe incluir la persona, lugar u objeto que tu sugieres. Planea tu carta en el siguiente organizador. Luego escribe la carta en una hoja aparte.**

Saludo Estimada Sra. ____________: Escribe el nombre de la artista.	**Encabezamiento:** tu dirección la fecha (Escribe la **dirección del destinatario** debajo del encabezamiento: Inventa un nombre y una dirección para la artista.)

	CUERPO DE LA CARTA
Primer párrafo: Explica por qué escribes la carta a la artista:	
Segundo párrafo: Sugiere una persona, lugar u objeto que deba aparecer en el mosaico. Da las razones por las que es importante que aparezca en un mosaico que trata sobre tu vecindario. **1.** Persona, lugar o cosa: Razón: **2.** Persona, lugar o cosa: Razón: **3.** Persona, lugar o cosa: Razón:	
Último párrafo: Escribe una o dos oraciones agradeciendo a la artista su atención:	

Despedida:
Sinceramente,

____
Firma

Nombre ______________________________

Vocabulario y conceptos

escala
estatuas
gran escala

Completa cada oración con una palabra o frase del recuadro.

Dibujo A

Dibujo B

1. Los dibujos A y B muestran dos ____________________ de un caballo.

2. La ____________________ del dibujo A es diferente de la del dibujo B.

3. El dibujo A está hecho a ____________________ : es mucho más grande que un caballo real.

B **Responde las siguientes preguntas. Puedes escribir frases u oraciones completas.**

4. La estatua de una persona es de tamaño natural. ¿Está hecha esa estatua a gran escala? Explica por qué.

____

5. Observa el *Print 2*, *Whistling Jar,* y el *Print 3*, *Martin Luther King, Jr.* La vasija (que está decorada con un jaguar) mide 8 pulgadas y media de alto. La estatua del Dr. King mide unos 8 pies de alto. Compara la escala del jaguar de la vasija con la de la estatua del Dr. King. ____________________

____

6. Piensa en la Estatua de la Libertad. ¿Qué valores representa? ____________________

____

7. Observa nuevamente el *Art Print 3.* ¿Qué valores crees que trata de expresar esa estatua? ____________________

____

NOTA PARA EL MAESTRO Muestre los Art *Prints 2* y *3* mientras los estudiantes completan esta página.

Nombre ______________________________

Lección 10
IMÁGENES QUE INSPIRAN

Escribe acerca de lo que te gusta y de lo que no te gusta

Planea y escribe La Lección 10 trata sobre los valores y tradiciones de Estados Unidos que se reflejan en las obras de arte. Piensa en un lugar de tu vecindario o cerca de él donde se haga homenaje a alguna tradición. Puede que sea un museo, un centro cultural o un monumento histórico. Escribe una redacción dirigida a tu maestro en la que indiques tanto lo que te gusta del lugar o monumento como lo que no te gusta. Procura explicar tus ideas detalladamente. Usa el siguiente organizador para planear la composición y tomar apuntes. Luego escribe la composición en una hoja aparte.

Primero di el nombre o describe el lugar que vas a tratar en la redacción. Escribe una oración de introducción que despierte el interés del maestro.

Luego haz una lista de tres cosas que te gustan de ese lugar, empezando por la que más te gusta. Da una razón por la que te gusta cada cosa.

1. Algo que me gusta:
   Me gusta porque:
2. Otra cosa que me gusta:
   Me gusta porque:
3. Una tercera cosa que me gusta:
   Me gusta porque:

Ahora haz una lista de tres cosas que *no* te gustan. De nuevo, procura indicar por qué.

1. Algo que no me gusta:
   No me gusta porque:
2. Una segunda cosa que no me gusta:
   No me gusta porque:
3. Una tercera cosa que no me gusta:
   No me gusta porque:

Finalmente, escribe una conclusión que resuma los puntos buenos y malos del lugar.

Nombre ______________________________

Vocabulario y conceptos

Observa los siguientes dibujos. Encierra en un círculo la letra de la respuesta correcta.

Dibujo A

Dibujo B

Dibujo C

1. El artista **escorzó** __________.
   - **A.** la nariz del perro en el Dibujo B
   - **B.** la nariz del perro en el Dibujo A
   - **C.** la cola del perro en el Dibujo C
2. En los __________ hay **letra impresa**.
   - **A.** dibujos A y B
   - **B.** dibujos B y C
   - **C.** dibujos A y C
3. ¿Qué dibujos parecen **carteles**?
   - **A.** sólo el Dibujo A
   - **B.** sólo el Dibujo C
   - **C.** los dibujos A y B
4. El Dibujo A es **persuasivo**. ¿De qué trata el Dibujo A de persuadir a los espectadores?
   - **A.** de que adopten animales sin hogar
   - **B.** de que les gusten los perros
   - **C.** de ir a una exhibición de perros

B **Encierra en un círculo la letra de la respuesta correcta.**

5. Observa el Dibujo A. ¿Por qué el artista pintó la palabra "TÚ" más oscura que las demás?
   - **A.** Así es más fácil fijarse en el perro de la pintura.
   - **B.** Es una manera de decir: "Este mensaje está dirigido a ti".
   - **C.** Es una manera de decir: "Te ruego que cuides mejor a tu perro".
6. ¿En qué se diferencian los carteles de otras obras de arte?
   - **A.** En los carteles no hay letras.
   - **B.** Casi todos los carteles son persuasivos.
   - **C.** Casi todos los carteles tienen colores pálidos y sin brillo.
7. ¿Qué elementos del cartel despiertan el interés de los espectadores?
   - **A.** los colores brillantes
   - **B.** las imágenes impresionantes
   - **C.** todos los elementos anteriormente mencionados

Nombre ____

Escribe un ensayo persuasivo

Planea y escribe **En la Lección 11 aprendiste que algunos carteles tienen por objeto persuadir al espectador de que haga ciertas cosas. Ahora te toca a ti persuadir a los demás. Imagínate que los estudiantes de tu escuela acaban de recaudar mil dólares. Los estudiantes votarán para ver en qué se gasta ese dinero. Imagínate algo caro que la escuela necesita. Escribe un ensayo de cuatro párrafos que se pueda publicar en el periódico de la escuela y que persuada a los demás a votar a favor de tu idea. Planea tu ensayo y toma apuntes en la siguiente red de ideas. Luego escribe el ensayo en una hoja aparte.**

En el primer párrafo presenta tu idea. En el segundo párrafo indica las razones por las que tu escuela necesita ese objeto. En el tercer párrafo explica de qué manera mejorarían las cosas en tu escuela si se comprara el objeto. En el último párrafo vuelve a expresar tu idea y anima a los estudiantes a votar a su favor.

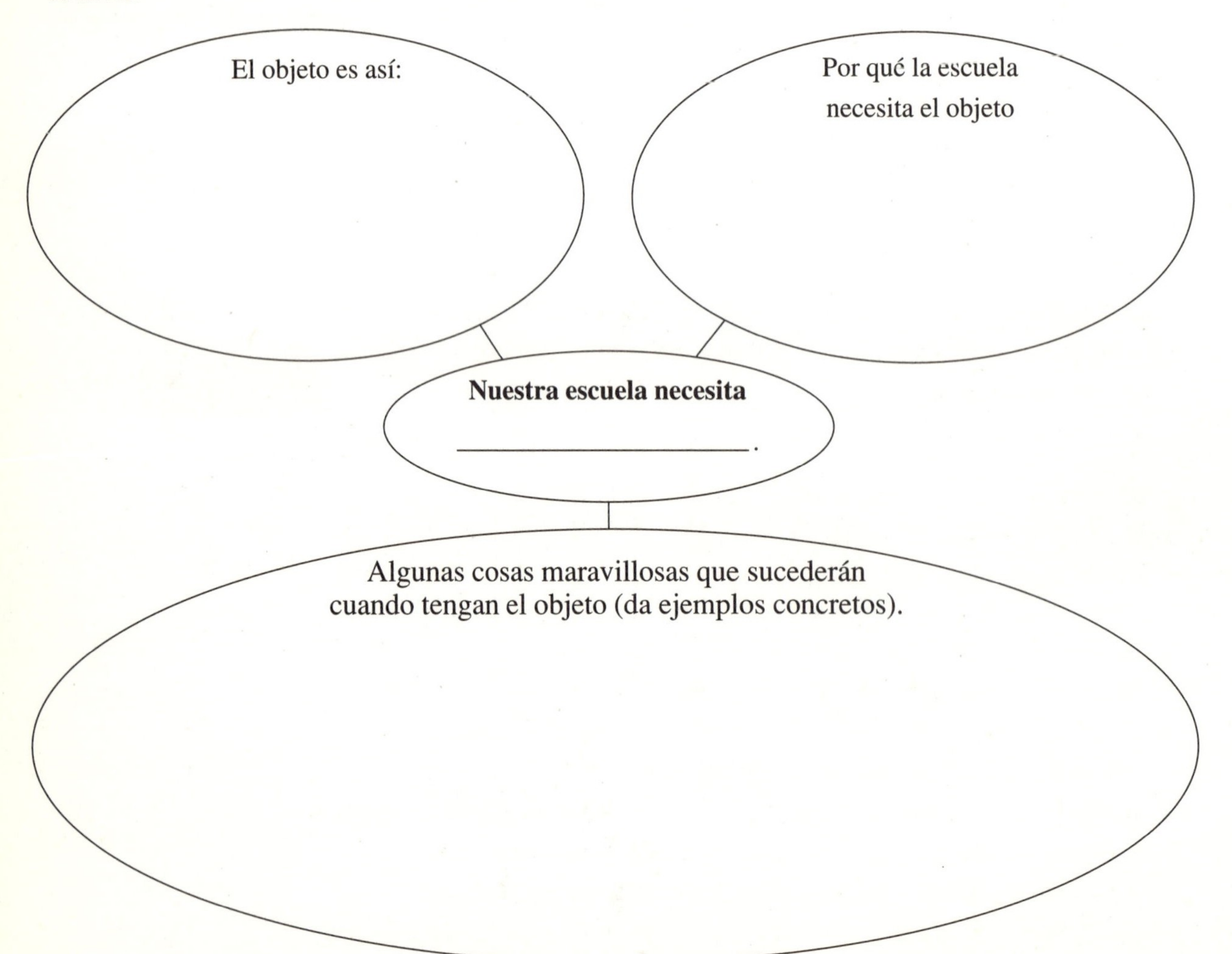

Nombre ________________________________

Vocabulario y conceptos

Pop Art
empaste
unidad
variedad

Escribe bajo cada dibujo la palabra del recuadro que le corresponda. Luego completa las oraciones usando los otros dos términos.

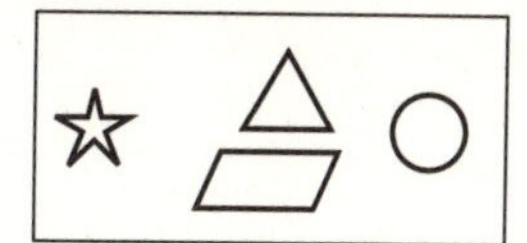

1. ____________________ **2.** ____________________

3. El ____________________ es una técnica que consiste en aplicar la pintura en capas gruesas para dar textura.

4. El ____________________ retrata objetos de la vida cotidiana como si fueran obras de arte.

B **Elige la mejor respuesta y rellena el círculo de la letra que le corresponda.**

5. ¿Cuál de los siguientes objetos puede ser el tema de un cuadro Pop Art?

A. un bello atardecer
B. una escena de invierno
C. el foco de un coche
D. una madre y un niño

6. ¿Qué mensaje comunican los artistas Pop mediante sus obras?

A. El arte debe provenir de la naturaleza.
B. Todas las obras de arte deben ser iguales.
C. El arte debe ser no figurativo.
D. Cualquier objeto es arte si el artista así lo cree.

7. ¿De qué palabra es Pop la abreviatura?

A. pueblo
B. popote
C. población
D. popular

8. ¿Cuál de estos elementos ayuda a dar una sensación de unidad en un cuadro?

A. repetir colores y figuras
B. usar la perspectiva lineal
C. incluir un símbolo
D. incluir un punto de fuga

RESPUESTAS
5. (A) (B) (C) (D)
6. (A) (B) (C) (D)
7. (A) (B) (C) (D)
8. (A) (B) (C) (D)

Nombre ______________________________________

Escribe un párrafo de instrucciones

Planea y escribe Los cuadros de la Lección 12 resaltan la importancia de los objetos cotidianos al representarlos de una manera distinta. Imagínate una tarea que haces a diario, como hacer la cama, agarrar el autobús o preparar un sándwich. Escribe las instrucciones de cómo realizar esa tarea a alguien que no sabe cómo se hace. Procura describir la tarea con claridad. Haz una lista de las cosas que se necesitan y escribe los pasos en orden. Planea tus instrucciones en un organizador similar al siguiente. Escribe las instrucciones en una hoja aparte.

1. Una oración de introducción en la que se describe la tarea:

2. Lista de materiales, si hay alguno:

3. Pasos (Recuerda usar palabras como *primero, luego* y *finalmente:*)

Nombre ______________________________

Lee cada frase. Busca el mejor significado de la palabra del vocabulario de arte que esté subrayada. Rellena el círculo de la respuesta correcta.

1. la letra impresa en un cartel
   A. palabras
   B. colores
   C. personas
   D. fotografía

2. los colores cálidos en un cuadro
   A. verde, azul y púrpura
   B. rojo, anaranjado y café
   C. blanco y negro
   D. rosa y azul

3. la estatua de un caballo
   A. cuadro al óleo
   B. dibujo lineal
   C. cartel persuasivo
   D. escultura

4. la variedad en el diseño
   A. semejanza entre los elementos
   B. diferencias entre los elementos
   C. colores
   D. texturas

5. los símbolos de un retrato
   A. objetos que representan ideas
   B. personas
   C. decoraciones de fondo
   D. muebles

6. la pose de George Washington en el retrato
   A. espada
   B. posición
   C. uniforme
   D. gestos

RESPUESTAS

1.	A	B	C	D
2.	A	B	C	D
3.	A	B	C	D
4.	A	B	C	D
5.	A	B	C	D
6.	A	B	C	D

B **Escribe la letra de la palabra o frase que completa cada oración.**

7. Se puede realizar un __________ utilizando pedazos de azulejos, tal como se muestra en el *Art Print 6, Watts Towers.*
8. En *Art Print 2, Whistling Jar*, la escultura del jaguar que decora la vasija no se parece a un jaguar de la vida real; su diseño es __________ .
9. En *Art Print 7, The Wreck of the "Covenant"*, los azules, verdes y grises son __________ .
10. En el cartel *Uncle Sam Wants You*, el artista __________ el dedo del tío Sam para que parezca que está apuntando al espectador.
11. El cuadro de Andy Warhol de la lata de duraznos es un ejemplo de __________ .
12. La escultura de una araña de 20 pies tiene una __________ superior a la real.

A. colores fríos
B. escala
C. Pop Art
D. abstracto
E. escorzó
F. mosaico

NOTA PARA EL MAESTRO Muestre los ***Art Prints 2, 5, 6, 7,8*** y ***12*** mientras los alumnos completan el Repaso de la Unidad.

Nombre ______________________________ **Repaso**

Escribe o dibuja las respuestas de los siguientes ejercicios.

13. Dibuja un diseño no figurativo.

14. Haz un dibujo abstracto de un gato.

15. Explica el significado de *tesela* y para qué la usan los artistas. ______________________________

____

16. Observa el *Art Print 12, The Sunflowers Quilting Bee at Arles*. Haz una lista de los colores cálidos de la colcha e indica qué estado de ánimo expresa el cuadro. ______________________________

____

17. Observa el *Art Print 8, Instruments of Dixieland.* Si esta imagen fuera usada en un cartel, ¿qué diría su letra impresa? ¿De qué trata de convencer el cartel a los espectadores?

____

____

18. Haz un dibujo simple de un oso con la nariz escorzada.

19. Haz un dibujo simple de un símbolo muy conocido. Escribe lo que significa.

20. Esta unidad se denomina Puntos de vista. Da tu punto de vista acerca del *Art Print 5, The Elephants,* el *Art Print 7, The Wreck of the "Covenant"*, y el *Art Print 12, The Sunflowers Quilting Bee at Arles.* ¿Qué cuadro te gustaría tener en tu casa? Explica por qué. Utiliza la palabra *estado de ánimo* en tu respuesta. ______________________________

____

____

Nombre ______________________________

Vocabulario y conceptos

collage
espacio positivo
espacio negativo

Escribe los nombres de las partes del dibujo usando una palabra o frase del recuadro. Luego completa la oración.

1. ____________________

2. ____________________

3. Un ____________________ es una obra de arte que se hace pegando trozos de papel.

B En los ejercicios 4–5 encierra en un círculo la letra de la respuesta correcta.

4. Observa el dibujo anterior. Trata de ver una fila de figuras negras como éstas: . Si miras el dibujo de esa manera, ¿qué sucede?
   - **A.** La parte negra del dibujo es el espacio positivo y la parte blanca es el espacio negativo.
   - **B.** La parte negra del dibujo es el espacio negativo y la parte blanca es el espacio positivo.
   - **C.** Ambas partes son espacio positivo.
   - **D.** Ambas partes son espacio negativo.

5. Si ves la parte blanca del diseño como espacio positivo, puedes ver una fila de ____________.
   - **A.** círculos negros
   - **B.** círculos blancos
   - **C.** figuras negras como éstas:
   - **D.** figuras blancas como éstas:

6. Observa el *Art Print 1, The Stampede.* Da un ejemplo de espacio positivo y otro de espacio negativo de la pintura. ______________________________

____

7. Observa el *Art Print 11, Zechariah.* Da un ejemplo de espacio negativo y otro de espacio positivo de la pintura. ______________________________

____

NOTA PARA EL MAESTRO Muestre los *Art Prints 1* y *11* mientras los estudiantes completan esta página.

Nombre ______________________________

Escribe la descripción de un personaje

Planea y escribe **Henri Matisse, el pintor que hizo *The Swimmer in the Pool*, sentía tanto amor por su trabajo que descubrió maneras ingeniosas de crear arte aun cuando estaba demasiado enfermo para abandonar la cama. Imagínate un conocido que sienta mucho amor por algo que hace. Podría ser su trabajo, un pasatiempo o una habilidad, por ejemplo, cocinar, tocar un instrumento o jugar un deporte. Escribe una descripción de esa persona, concentrándote en su manera de ser cuando se dedica a la actividad que le gusta. Planea la descripción en el siguiente organizador. Luego escribe la descripción en una hoja aparte.**

En la primera oración, presenta a la persona acerca de quien escribes.

En lo que queda del primer párrafo indica cómo conociste a esa persona y da varios detalles claros indicando su apariencia y cómo se comporta.

En el segundo párrafo describe la actividad que a la persona le gusta realizar:

- qué actividad es
- cómo sabes que a esa persona le gusta hacer esa actividad
- qué apariencia tiene y qué sonidos hace cuando se dedica a esa actividad

En el último párrafo, resume las razones por las que esa persona es especial e interesante.

Nombre ______________________

Vocabulario y conceptos

A **Encierra en un círculo la letra de la palabra o frase que mejor complete cada oración.**

1. Los colores complementarios están __________ en el disco de colores.
   A. uno junto al otro B. opuestos uno del otro C. mezclados D. cerca

2. La palabra *op* de Op Art es una abreviatura de __________.
   A. *opcional* B. *oportunidad* C. *óptico* D. *operación*

3. Una **ilusión óptica** es __________.
   A. oír algo que en realidad no es un sonido
   B. ver algo de forma distinta a como en realidad es
   C. una obra de arte con dibujos geométricos
   D. una obra de arte con colores complementarios

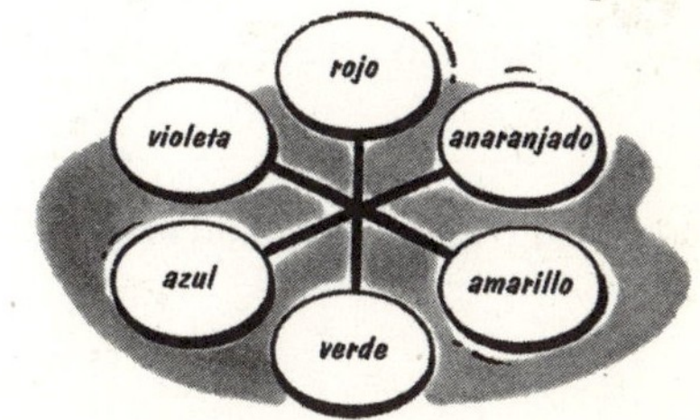

B **Responde las siguientes preguntas. Puedes escribir frases u oraciones completas.**

4. ¿Qué es el Op Art? ______________________

____

5. Nombra dos colores complementarios. Usa el disco de colores que aparece arriba como ayuda.

____

____

6. ¿Qué sucede cuando dos colores complementarios se colocan uno junto al otro en una obra de arte?

____

____

7. Imagínate un par de colores complementarios. ¿Te gustaría pasar una hora en un cuarto donde el cielo raso y dos paredes han sido pintadas de uno de los colores y las otras dos paredes del otro color?

   Explica porqué. ______________________

____

Nombre ____

Escribe un párrafo informativo

Planea y escribe **Redacta un párrafo informativo acerca de las ilusiones ópticas. Escribe el tema en una oración y da un ejemplo. Para tu ejemplo, usa el dibujo que aparece en el siguiente recuadro.**

Línea A ←——————→

Línea B >——————<

¿Qué línea horizontal es más larga?

Planea el párrafo en el siguiente organizador. Luego escribe el párrafo en una hoja aparte.

Primero, escribe una oración acerca del tema que defina el término *ilusión óptica.*

Luego, a manera de ejemplo, describe la ilusión óptica que el dibujo produce. Indica:

- ¿Cómo es el dibujo?
- ¿Por qué hay una ilusión óptica? (Pista: Mide las líneas. ¿Te sorprende la medida de las líneas?)

Después, indica **por qué** el dibujo produce una ilusión óptica. (¿Qué crees que tiene el dibujo que engaña a la vista?)

Finalmente, escribe la conclusión. Indica por qué crees que a las personas les gusta ver ilusiones ópticas.

NOTA PARA EL MAESTRO **Proporcione reglas a sus estudiantes mientras completan esta página.**

Nombre ______________________________

Vocabulario y conceptos

escena
ilustradores
imaginarios

A **Completa cada oración con una palabra del recuadro.**

1. Los ____________ de libros crean ilustraciones que ayudan a contar los relatos.
2. Para ilustrar bien una ____________ de un libro, el ilustrador debe prestar atención a los detalles del relato.
3. Las ilustraciones pueden ayudar a los lectores a imaginarse los mundos ____________ creados por los autores de relatos fantásticos.

B **Escribe una oración para responder la pregunta 4. Para los ejercicios 5–8, encierra en un círculo la letra de la respuesta correcta.**

4. ¿Podría existir en la vida real la escena de *Dinotopia* que aparece en la Lección 15? ¿Por qué?

____

____

5. ¿Cómo describirías el estado de ánimo que expresa la escena de *Dinotopia?*
   - **A.** triste y sombrío
   - **B.** esperanzado y tranquilo
   - **C.** despreocupado
   - **D.** enojado y belicoso
6. Observa el *Print 5, The Elephants.* ¿Qué palabra(s) describe(n) mejor el estado de ánimo que este cuadro expresa?
   - **A.** esperanzado
   - **B.** calmado y tranquilo
   - **C.** extraño y en suspenso
   - **D.** apagado y triste
7. Si el *Art Print 5* fuera la ilustración de un libro, ¿qué tipo de libro ilustraría?
   - **A.** una novela realista
   - **B.** un libro de fantasía
   - **C.** un ensayo sobre los elefantes
   - **D.** la biografía de un personaje famoso
8. Observa los *Art Prints 1, 2, 3,* y *4.* Estas reproducciones podrían ser ilustraciones de ____________.
   - **A.** un cuento de hadas
   - **B.** un libro de estudios sociales
   - **C.** un libro de literatura fantástica
   - **D.** un libro de misterio

NOTA PARA EL MAESTRO **Muestre los *Art Prints 1, 2, 3, 4* y *5* mientras los estudiantes completan esta página.**

Nombre ______________________________

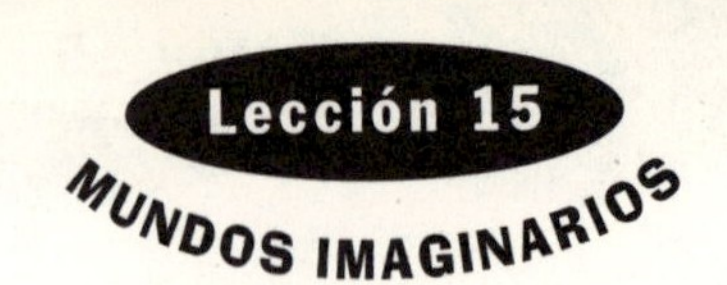

Escribe el resumen de un cuento

Planea y escribe Piensa en la ilustración de *Dinotopia.* Recuerda los jinetes de los dinosaurios voladores, los edificios, las cataratas, el arco iris, el globo terráqueo gigantesco sobre el techo y la estatua dorada con alas. Escribe un resumen del cuento que corresponda con la ilustración. (Si ya has leído *Dinotopia,* inventa otro cuento.) Empieza nombrando y describiendo los personajes principales. Luego piensa en un problema que los personajes pueden tener. Después, imagínate los sucesos que condujeron a la solución del problema. Planea el resumen del cuento en el siguiente mapa del cuento. Luego escribe el resumen en una hoja aparte.

Escenario: Dónde: Cuándo:	Personajes principales:

Problema:

BANCO DE IDEAS:
- Salvar la ciudad
- Rescatar al príncipe
- Recobrar el tesoro

▼

Comienzo:

▼

Desarrollo:

▼

Solución:

▼

Conclusión

Nombre ___________________________

Vocabulario y conceptos

ensambló
assemblage
objetos de desecho

Lee el párrafo y halla las palabras que faltan en el recuadro. Escribe las palabras en los espacios en blanco.

El Sr. Maxwell recolectó objetos, como latas de aluminio y recipientes de comidas congeladas, es decir ___1.___. Juntó, o sea ___2.___, esos objetos desechables para construir un ___3.___. Para dar unidad a la obra de arte, la pintó de azul.

1. ____________ **2.** ____________ **3.** ____________

B **Responde las preguntas 4–6 usando oraciones completas. Para los ejercicios 7 y 8, encierra en un círculo la letra de la respuesta correcta.**

4. ¿En qué se parecen las esculturas que aparecen en la Lección 16? ____________

____

5. Observa el *Art Print 3*, *Martin Luther King, Jr.* y el *Art Print 6*, *Watts Towers*. ¿Cuál muestra un *assemblage*? Explica por qué. ____________

____

6. Haz una lista de tres objetos que pueden usarse para un *assemblage*. ____________

____

7. Una palabra que significa *juntar* es ____________.

A. desarmar **B.** ensamblar **C.** pegar **D.** pintar

8. ¿Qué frase describe un *assemblage?*

A. la acuarela de un basurero
B. la escultura de un coche hecha con arcilla
C. la escultura de un gato hecha con madera y trapos
D. una caja de objetos desechables en una venta callejera

NOTA PARA EL MAESTRO Muestre los *Art Prints 3* y *6* mientras los estudiantes completan esta página.

Nombre ________________________________

Lección 16

ARTE ENSAMBLADO

Escribe un ensayo descriptivo

Planea y escribe Imagínate que vas a construir un *assemblage* con objetos de desecho como los que aparecen en el recuadro. Elige un animal del que te gustaría hacer una escultura. Planea el *assemblage* en el siguiente organizador. Luego escribe en una hoja aparte una descripción *detallada* de cómo te imaginas la obra de arte. Procura describir el *assemblage* del animal de tal manera que los lectores puedan imaginárselo.

Primero haz aquí un bosquejo del animal para ayudarte a recordar las partes de su cuerpo. (Haz un bosquejo del animal, no de la escultura.)

Tu primera oración: Quiero construir una escultura ensamblada de ____________________
nombre del animal

OBJETOS DE DESECHO

trozos de espuma de estireno
astillas de madera
recipientes de plástico
cajas de cartón
botones
cartones de huevos
tubos de toallas de papel
tapas de botellas de metal

¿Qué otros objetos de desecho se te ocurren?

¿Qué vas a usar para construir . . . ?

Primer párrafo:
- la cabeza del animal
- los ojos, la nariz, la boca
- otros rasgos, como las orejas, los cuernos, la melena o las astas

Segundo párrafo
- el cuerpo del animal
- las patas (o brazos o tentáculos), los pies (o pezuñas, aletas, cascos, o garras), la cola
- otras características del cuerpo, como las espinas, la piel o las escamas

Tercer párrafo
Describe el efecto que quieres que tu assemblage tenga en los espectadores. (¿Los debe hacer reír? ¿Les debe fascinar? ¿Cómo vas a lograr ese efecto?)

Nombre ______________________________

Vocabulario y conceptos

A **Encierra en un círculo la letra de la palabra o frase que mejor complete cada oración.**

1. El **surrealismo** es un estilo de pintura que __________.
   - A. reúne objetos que nadie quiere, u objetos de desecho
   - B. usa ilusiones ópticas
   - C. coloca objetos reales en situaciones imposibles
   - D. juega con el espacio positivo y el negativo

2. Cuando contemplas un cuadro y tienes una **segunda impresión**, tú __________.
   - A. miras el cuadro de medio lado
   - B. tomas dos fotografías del cuadro
   - C. echas otra mirada rápida al cuadro
   - D. cambias las proporciones del cuadro

3. Muchos cuadros **surrealistas** parecen __________.
   - A. escenas de sueños
   - B. paisajes realistas
   - C. conjunto de objetos de desecho
   - D. ilustraciones de libros de historia

B **Escribe las respuestas de los ejercicios 4 y 5. Puedes usar frases u oraciones completas. En la pregunta 6, encierra en un círculo la letra de la respuesta correcta.**

4. Observa el *Art Print 4*, *Good Neighbors*, y el *Art Print 5*, *The Elephants*. ¿Cuál es un cuadro surrealista? Indica por qué lo crees. ______________________________

   ____

5. Imagínate que eres un pintor surrealista. Quieres hacer un cuadro donde haya una mesa, una silla y otro objeto. Indica cuál podría ser ese objeto y qué apariencia tendría el cuadro. Indica el tamaño de los objetos en relación de uno con el otro ______________________________

   ____

   ____

6. Los cuadros surrealistas probablemente sean más parecidos a __________.
   - A. los cuadros impresionistas
   - B. los cuadros de Pop Art
   - C. las ilustraciones de los libros de literatura fantástica
   - D. los cuadros de Op Art

NOTA PARA EL MAESTRO **Muestre los *Art Prints 4* y *5* mientras los estudiantes completan esta página.**

Nombre ____________________

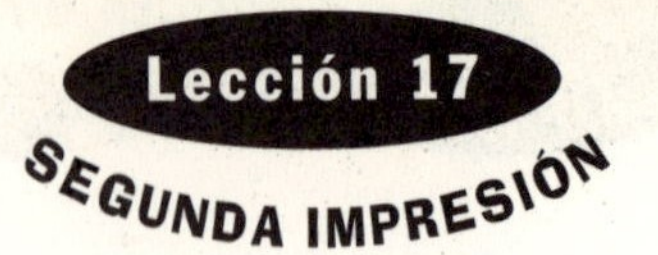

Escribe un cuento

Planea y escribe Observa el *Art Print 5, The Elephants.* **Escribe un cuento a partir de ese cuadro. Empieza nombrando y describiendo los personajes principales. Luego imagínate un problema que esos personajes puedan tener. Después imagínate los sucesos que llevarían a la solución del problema. Usa el siguiente mapa para planear el cuento. Luego escribe el cuento en una hoja aparte.**

Escenario: Cuándo: Dónde:	**Personajes principales:**

Problema:

BANCO DE IDEAS

- establecer la paz entre dos países
- hallar una princesa o un tesoro perdido
- sobrevivir en un planeta contaminado donde hace mucho calor

Comienzo:

Desarrollo:

Solución:

Conclusión:

NOTA PARA EL MAESTRO Muestre el *Art Print 5* mientras los estudiantes completan esta página.

Nombre ______________________________

Vocabulario y conceptos

cotidianos
materiales
escultura

Reemplaza cada palabra o frase en negrita por una de las palabras que está en el recuadro. Escribe la respuesta sobre la línea.

1. El fin de semana pasado vimos un cepillo de dientes gigante. Esta **figura** al aire libre estaba en el jardín de la Escuela de dentistas de la universidad. ____________________

2. El escultor que hizo el cepillo de dientes gigante a menudo crea esculturas de objetos **de la vida diaria.** ____________________

3. Le preguntamos qué **sustancias** usó para hacer la escultura. Dijo que el mango estaba hecho de yeso pintado. ____________________

B **Encierra en un círculo la letra de la respuesta correcta.**

4. Las obras de arte que aparecen en la Lección 18, *Spoonbridge and Cherry* y *Cadillac Ranch*, son esculturas de __________.
   A. autos viejos
   B. objetos cotidianos
   C. utensilios para comer
   D. piedra y yeso

5. Probablemente, lo más sorprendente de *Cadillac Ranch* es __________.
   A. su textura
   B. su color
   C. el pasto del campo
   D. la posición de los autos

6. ¿Qué obra de arte sería más parecida a *Spoonbridge and Cherry?*
   A. una estatua de tamaño natural de una persona famosa
   B. una escultura de 3 pulgadas de un perro
   C. una escultura de 40 pies de una aspiradora
   D. un cuadro realista de un tazón de cerezas

7. ¿Qué objeto o qué obra de arte sería más parecida a *Cadillac Ranch?*
   A. un modelo de 8 pulgadas de un Cadillac
   B. un Cadillac nuevo
   C. una torre de autos que forme una escultura
   D. una pintura realista de un Cadillac viejo

Nombre ______________________________

Lección 18
ESCULTURAS AL AIRE LIBRE

Escribe sobre lo que te gusta y lo que no te gusta

Planea y escribe Piensa en las esculturas que viste en la Lección 18, *Spoonbridge and Cherry* y *Cadillac Ranch.* ¿Qué te gustó de ellas? ¿Qué es lo que no te gustó? Elige una de esas esculturas y escribe un ensayo dirigido a tu maestro explicando qué te gustó y qué no te gustó de la escultura. Procura explicar tus ideas con detalles. Planea el ensayo en el organizador siguiente. Luego, escribe el ensayo en una hoja aparte.

Primero, indica sobre qué obra de arte vas a escribir, y por qué te interesa esa obra. Escribe una primera frase que despierte el interés del lector.

Luego explica aquello que te gusta de esa obra de arte y empieza por lo que más te gusta. Explica la razón de por qué te gusta cada detalle.

Detalle:

Razón:

Detalle:

Razón:

Detalle:

Razón:

Ahora enumera tres cosas que no te gustan. Explica la razón de por qué no te gusta cada detalle como hiciste antes.

Detalle:

Razón:

Detalle:

Razón:

Detalle:

Razón:

Finalmente, escribe una conclusión que resuma las características buenas y malas de la escultura.

NOTA PARA EL MAESTRO **Muestre el *Art Print 6* mientras los estudiantes completan esta página.**

Nombre ____________________

A **Escribe la letra de la palabra o frase que completa cada oración.**

A. complementarios
B. surrealista
C. *assemblage*
D. collage
E. ilustradores
F. espacio positivo
G. espacio negativo
H. ilusión óptica

1. Un cuadro __________ coloca objetos reales en situaciones extrañas.
2. Las figuras y los cuerpos geométricos de una obra de arte se pueden considerar __________ .
3. Si en una obra de arte ves algo que no está ahí es probable que tengas una __________ .
4. Una obra de arte hecha con trozos de papel cortado y pegado es un __________ .
5. El espacio vacío que rodea las figuras y los cuerpos geométricos de una obra de arte se llama __________ .
6. El rojo y el verde está uno frente al otro en el disco de colores: son colores __________ .
7. Los __________ son artistas cuyos dibujos ayudan a narrar los cuentos.
8. Un __________ es una obra de arte hecha con objetos de desecho.

B **Encierra en un círculo la letra de la palabra o frase que puede reemplazar la palabra o frase en negrita.**

9. En la Lección 18 aparecen esculturas de objetos **cotidianos** representados de manera poco común.
   A. coloridos **B.** de la vida diaria **C.** gigantescos **D.** diminutos
10. La Lección 17 muestra cuadros surrealistas que hacen que los espectadores **tengan una segunda impresión.**
    A. tengan una sensación de paz
    B. vean cosas que no están ahí
    C. vean colores complementarios
    D. echen una segunda mirada rápida
11. La Lección 15 trata de los mundos **imaginarios** que aparecen en las ilustraciones.
    A. fantásticos **B.** reales **C.** lejanos **D.** acuáticos
12. En la Lección 16 aparecen esculturas ensambladas de **objetos de desecho.**
    A. arcilla **B.** objetos de plástico **C.** objetos que nadie quiere **D.** objetos caros

NOTA PARA EL MAESTRO **Muestre los *Art Prints 6* y *11* mientras los estudiantes completan el Repaso de la Unidad.**

Nombre ______________________________ **Repaso**

En los ejercicios 13, 14, 16 y 18 encierra en un círculo la letra de la respuesta correcta. Dibuja la respuesta para el ejercicio 15. En los ejercicios 17, 19 y 20 escribe la respuesta.

Dibujo A

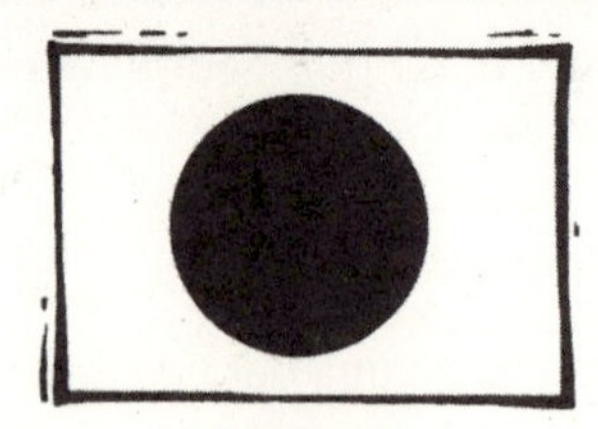

Dibujo B

Dibujo C

13. En el Dibujo A el espacio positivo es __________.

A. una figura negra así: ◆ **C.** una figura negra así: 

B. una figura blanca así: ◇ **D.** una figura blanca así: [◆]

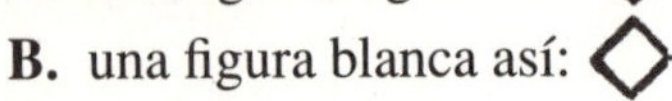

14. En el Dibujo A el espacio negativo es __________.

A. un círculo blanco **C.** un espacio en blanco de color blanco o el fondo

B. un círculo negro **D.** un espacio en blanco de color negro o el fondo

15. Dibuja una flecha que apunte hacia el espacio positivo en el Dibujo C.

16. ¿Por qué parece que los cuadrados amarillos se mueven cuando tienen un fondo violeta?

A. porque son colores complementarios

B. porque son colores análogos

C. porque son colores brillantes

D. porque son colores cálidos

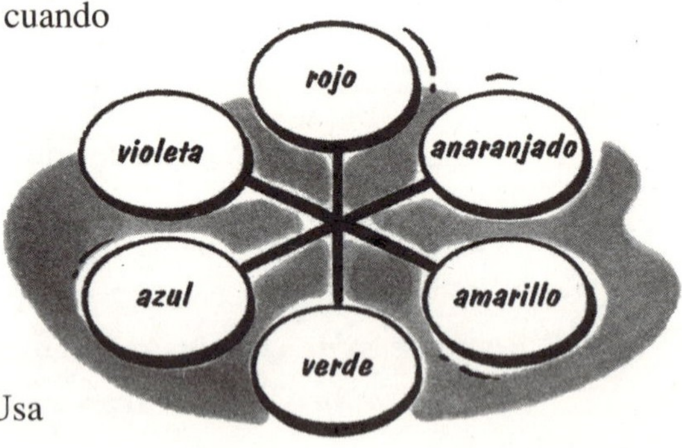

17. Observa el *Art Print 11*, *Zechariah*. Indica dos pares de colores complementarios que veas en la reproducción. Usa el disco de colores de ayuda.

____

18. Las Watts Towers que aparecen en el *Art Print 6* pueden ser descritas como __________.

A. Op Art **B.** arte surrealista **C.** arte impresionista **D.** un assemblage

19. Explica en qué se diferencian los ilustradores de otros artistas. ______________________

____

20. Esta unidad se llama *Arte sorprendente*. Elige uno de los siguiente temas: enormes esculturas al aire libre de objetos cotidianos, cuadros surrealistas, cuadros Op Art. Explica por qué este tipo de arte es inesperado o sorprendente para el espectador.

____

____

Nombre ______________________________

Vocabulario y conceptos

tintes
colores análogos
armonía
matices

 **Completa cada oración con una palabra del recuadro.**

1. Los cuadros que aparecen en la Lección 19 expresan una sensación de ____________________ o tranquilidad.
2. Los colores que están uno junto al otro en el disco de colores se llaman ____________________.
3. Observa el verde claro del *Art Print 7, The Wreck of the "Covenant"*. Al añadir verde al blanco, el pintor creó diferentes ____________________ de verde.
4. Observa los colores oscuros en la parte de arriba y de abajo de *Art Print 7.* Al añadir negro a los colores, el pintor creó ____________________.

B **En las preguntas 5 y 6, encierra en un círculo la letra de la respuesta correcta. Para responder las preguntas 7 y 8 escribe oraciones completas.**

5. ¿Cuáles de estos colores son análogos?
   A. rojo y anaranjado
   B. amarillo y morado
   C. amarillo y rojo
   D. anaranjado y azul
6. Un cuadro que transmite sensación de armonía a menudo tiene líneas y formas __________.
   A. desiguales
   B. abstractas
   C. repetidas
   D. irregulares
7. ¿Qué colores análogos ves en *Art Print 4, Good Neighbors?* ¿Dónde ves esos colores?

____

____

8. ¿Qué es más relajante: mirar dos colores complementarios o dos colores análogos? ¿Por qué?

____

____

NOTA PARA EL MAESTRO Muestre los ***Art Prints 4*** y ***7*** mientras los estudiantes completan esta página.

Nombre ____________________

Escribe un párrafo descriptivo

Planea y escribe Piensa en dos cosas que combinen bien, por ejemplo dos prendas de ropa que te guste ponerte, dos alimentos que sepan bien juntos o una actividad para practicar al aire libre y el tiempo que es mejor para realizar dicha actividad. ¿Cómo se combinan esas cosas para crear una sensación de armonía? Escribe un párrafo explicando tus ideas. Incluye detalles que convenzan a los lectores a opinar como tú. Planea tu párrafo en el siguiente organizador. Luego escribe el párrafo en una hoja aparte.

En la primera oración, explica sobre qué dos cosas tratará tu párrafo. Trata de conseguir la atención de tus lectores.

En el resto de tu párrafo, explica por qué estas dos cosas combinan bien. Da las razones y apóyalas con detalles.

Razón:

Detalle:

Razón:

Detalle:

En la oración final, resume lo que escribiste.

Nombre ______________________________

Vocabulario y conceptos

A **Relaciona la palabra en negrita de cada oración con su significado. Escribe la letra de la respuesta en la línea.**

1. ________ Había un fuerte **contraste** entre la penumbra de la biblioteca y la brillante luz del sol.
2. ________ Los brillantes círculos amarillos del cuadro parecían **avanzar** hacia los espectadores.
3. ________ En *The Toboggan*, de Henri Matisse, la figura azul y el fondo morado parecen **retroceder,** mientras que las figuras amarillas, anaranjadas y rojas parecen moverse hacia adelante.

A. moverse hacia adelante

B. moverse hacia atrás

C. una gran diferencia entre dos o más cosas

B **Encierra en un círculo la letra de la palabra o frase que mejor completa cada oración.**

4. Las dos obras de arte de la Lección 20 muestran ________.
   A. objetos en situaciones extrañas
   B. toboganes
   C. paz y armonía
   D. movimiento y emoción

5. Las líneas curvas en los cuadros ayudan a expresar ________ en los cuadros.
   A. emoción
   B. contraste
   C. color
   D. realismo

6. Los colores fríos en los cuadros parecen ________.
   A. avanzar
   B. retroceder
   C. serpentear
   D. saltar

7. Los colores complementarios pueden crear en un cuadro la sensación de emoción porque ________.
   A. avanzan
   B. retroceden
   C. contrastan
   D. son análogos

NOTA PARA EL MAESTRO **Muestre el *Art Print 4* mientras los estudiantes completan esta página.**

Nombre ______________________________

Lección 20
SENSACIÓN DE EMOCIÓN

Escribe una narración personal

Planea y escribe **Las obras de arte de la Lección 20 expresan emoción. Piensa en un momento emocionante mientras practicabas un deporte, montabas en bicicleta o hacías cualquier otra cosa. Escribe una narración personal para tus compañeros de clase describiendo dónde estabas y con quién, qué hacías y por qué fue divertido y emocionante. Planea tu narración en el siguiente organizador. Luego escribe la narración en una hoja aparte.**

Comienzo: Primero, indica la actividad sobre la que vas a escribir. La primera frase debe atrapar la atención del lector.

Establece la escena explicando dónde y con quién estabas y qué tiempo hacía.

Desarrollo: Luego enumera los sucesos en el orden en que ocurrieron. Incluye una descripción detallada de cada suceso. Explica también cómo tú y los demás se sintieron en esos momentos.

Suceso 1:

Descripción/Detalles

Suceso 2:

Descripción/Detalles

Suceso 3:

Descripción/Detalles

Final: Finalmente, escribe una conclusión sobre cómo terminó tu experiencia. Resume las razones por las que la experiencia fue emocionante.

Nombre ______________________________

Vocabulario y conceptos

equilibrio
simétrico
móvil
asimétrico

Completa cada oración con una palabra del recuadro.

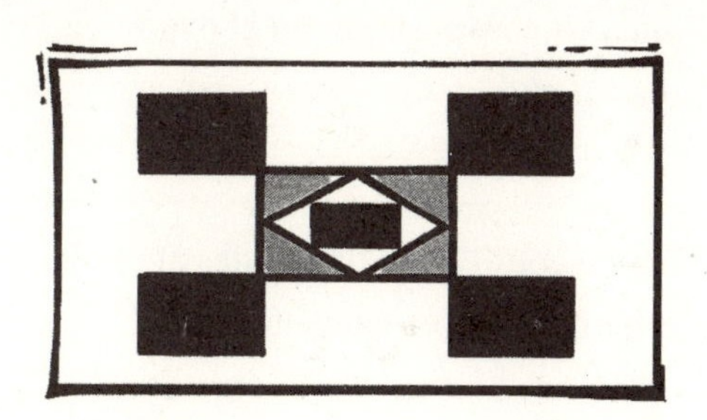

1. Este dibujo es ______________________.
2. Este dibujo es ______________________.
3. Un ______________________ es una escultura colgante que se mueve.
4. Si las partes de una obra de arte están en ______________________, la obra transmite una sensación de tranquilidad.

B **En los ejercicios 5–7, encierra en un círculo la letra de las palabras que mejor completen cada oración. Escribe la respuesta a la pregunta 8.**

5. Las caras de las personas son generalmente __________.
   A. perfectamente simétricas **B.** casi simétricas **C.** completamente asimétricas
6. Un móvil __________ en equilibrio.
   A. no puede estar **B.** no se moverá libremente si está **C.** debe estar
7. El *Art Print 7, The Wreck of the "Covenant"* da una sensación de equilibrio porque __________.
   A. hay más objetos en la parte de arriba que en la de abajo
   B. los objetos de la parte de arriba son más grandes que los de la parte de abajo
   C. los hombres y el barco se equilibran entre sí
8. Observa el *Art Print 4, Good Neighbors*. Indica si es simétrico. Explica por qué. ______________________

____

____

NOTA PARA EL MAESTRO **Muestre los *Art Prints 4* y *7* mientras los estudiantes completan esta página.**

Nombre ____________________

Escribe sobre lo que te gusta y lo que no te gusta

Planea y escribe Piensa en la manera en que las mesas y otros objetos están dispuestos en la cafetería de la escuela. ¿Dirías que esa disposición tiene equilibrio? ¿Dirías que no tiene equilibrio? ¿Te parece que es simétrica o asimétrica? Escribe una composición para el maestro en la que describas la disposición de la cafetería y expliques qué es lo que te gusta y qué es lo que no te gusta de ella. Luego describe una disposición que para ti sería mejor. Da las razones. Esas razones deben ser concretas. Planea tu composición en el organizador siguiente. Luego escribe la composición en una hoja aparte.

Primer párrafo: Describe el tema en la primera oración. Describe cómo están dispuestas ahora las mesas y otros objetos. Explica si esa disposición está en equilibrio, es simétrica o es asimétrica.

Segundo párrafo: Describe una disposición distinta de las mesas y los objetos.

Último párrafo: Da dos o tres razones de por qué tu disposición es mejor. Empieza por la razón más importante. La última oración debe volver a explicar tu opinión sobre cómo debería ser la cafetería.

Nombre ______________________________

Vocabulario y conceptos

naturaleza
tensión
colores arbitrarios
conflicto

Escribe una palabra del recuadro en cada línea.

1. Escribe dos términos del recuadro que tengan significados parecidos.

   ____________________ y ____________________

Fíjate en los nombres de los colores para imaginar que los Dibujos A y B son en color.

Dibujo A

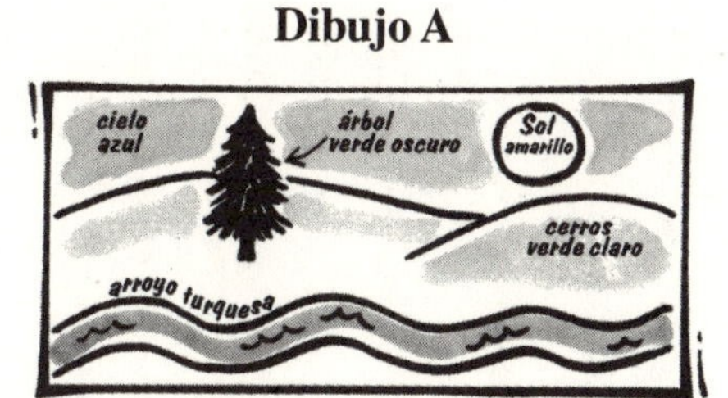

Dibujo B

2. El Dibujo A muestra los colores de la ____________________; los objetos tienen el mismo color que en la vida real.

3. El Dibujo B muestra ____________________, que son colores que no siguen patrones ni reglas y que no son como en la vida real.

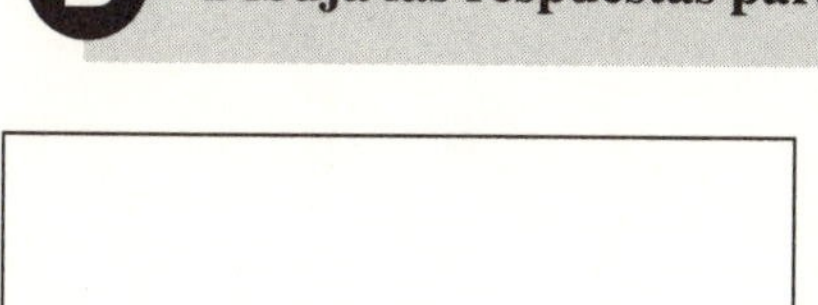

Dibuja las respuestas para las preguntas 4–6.

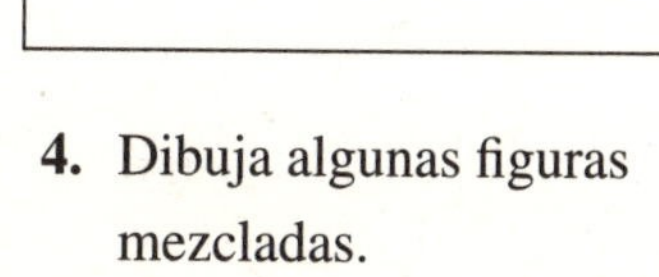

4. Dibuja algunas figuras mezcladas.

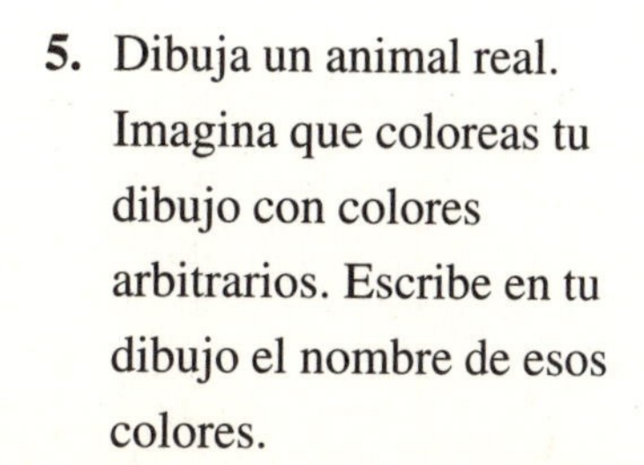

5. Dibuja un animal real. Imagina que coloreas tu dibujo con colores arbitrarios. Escribe en tu dibujo el nombre de esos colores.

6. Copia el dibujo que hiciste en la pregunta 5. Ahora imagina que lo pintas con colores de la naturaleza. Escribe en el dibujo los colores.

Nombre ______________________________

Escribe un ensayo persuasivo

Planea y escribe **Supón que el director de la escuela quiere una obra de arte para colocarla en la escuela y tiene que elegir entre dos cuadros. Uno se llama *Figuras ruidosas y sonidos brillantes*. Tiene figuras revueltas y colores arbitrarios. El otro se llama *Venados pastando al atardecer*. Es una pacífica escena campestre con colores análogos y líneas y figuras ordenadas que se repiten. Escribe un ensayo persuasivo dirigido al director de la escuela para convencerlo del cuadro que debe elegir. Planea tu ensayo en el siguiente organizador. Luego escribe el ensayo en una hoja aparte.**

1. **Planea el comienzo.** Indica qué cuadro te gustaría que eligiera el director de la escuela. Intenta escribir una oración que atrape la atención del lector.

Primera oración: (opinión)

2. **Planea el desarrollo.** Da razones para explicar por qué prefieres ese cuadro para la escuela. Da la razón más importante primero. Respalda cada razón con un hecho o una opinión. En una de tus razones, explica por qué el director *no* debería elegir el otro cuadro.

Razón #1:
Hecho/Opinión:
Razón #2:
Hecho/Opinión:
Razón #3:
Hecho/Opinión:

3. **Planea el final.** Vuelve a expresar tu opinión sobre el cuadro que debería ser elegido. Trata de convencer al director de la escuela.

Última oración: (conclusión)

Nombre ____

Vocabulario y conceptos

mirada
ritmo
patrón

A **Lee el párrafo y busca en el recuadro las palabras que faltan. Escribe las palabras en las líneas siguientes.**

Al igual que la música, las obras de arte pueden tener __1__. En cada obra de arte, busca un __2__, es decir, figuras y colores que se repiten. Fíjate en cómo tu __3__ se mueve cuando observas una obra de arte.

1. ____________________ **2.** ____________________ **3.** ____________________

B **Escribe oraciones completas para responder a las preguntas 4 y 5. Usa los dibujos para responder a las preguntas 6 y 7; encierra en un círculo la letra de la frase que completa mejor cada oración.**

4. Observa el *Art Print 12, The Sunflowers Quilting Bee at Arles.* Describe los patrones que ves en la colcha que sostienen las mujeres, incluyendo el que aparece en el borde la colcha. ____________________

____

5. ¿Es el *Art Print 12* figurativo o no figurativo? Explica cómo lo sabes. ____________________

____

Dibujo A

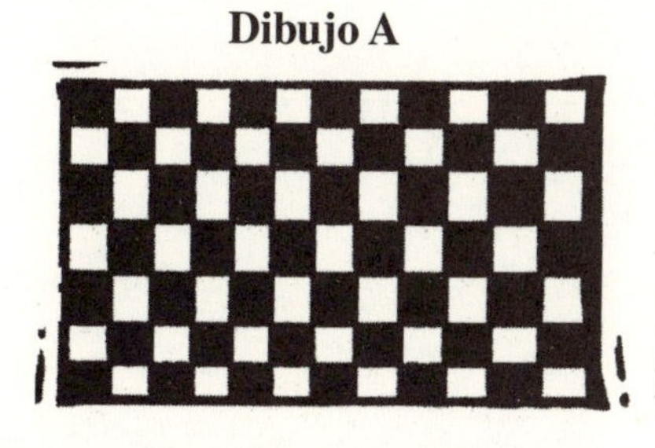

Dibujo B

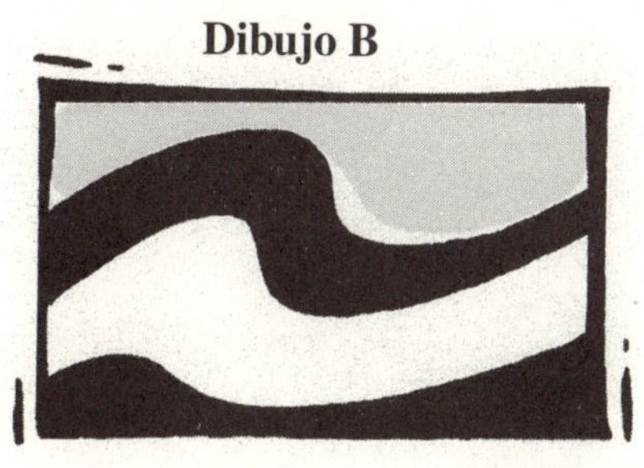

Dibujo C

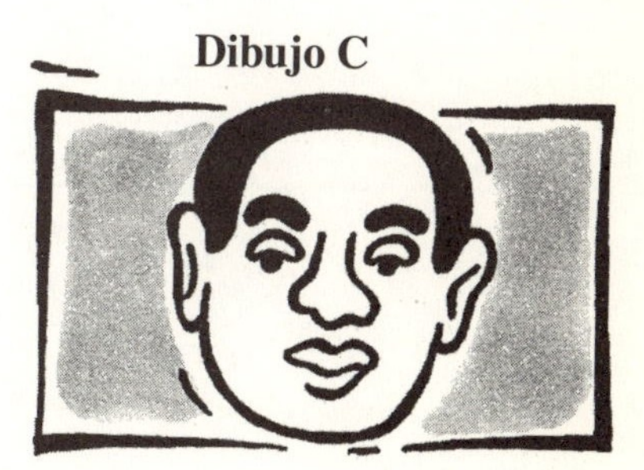

6. El ritmo del Dibujo A es __________ que el ritmo del Dibujo B.

A. más lento que **B.** más rápido que **C.** más tranquilo que

7. Una diferencia muy importante entre los dibujos B y C es que __________.

A. el B tiene un ritmo rápido y entrecortado **B.** el C no tiene curvas **C.** el B es no figurativo

NOTA PARA EL MAESTRO **Muestre el *Art Print 12* mientras los estudiantes completan esta página.**

Nombre ______________________________________

Escribe un párrafo de instrucciones

Planea y escribe La Lección 23 trata sobre patrones en las obras de arte. En los juegos y en los deportes también hay patrones: los jugadores repiten ciertos movimientos muchas veces. Piensa en un deporte o en un juego que hayas jugado muchas veces. Escribe instrucciones de cómo se juega para alguien que no sabe. Procura describir los pasos claramente. Enumera todo el equipo que necesitas y escribe los pasos en orden. Planea tu redacción en el siguiente organizador. Luego escribe las instrucciones en una hoja aparte.

1. Oración de introducción en la que describes el juego o el deporte.

2. Enumeración del equipo y de los materiales necesarios:

3. Pasos que hay que seguir: (Recuerda usar palabras que expresen orden, como *primero, después* y *finalmente.*)

Nombre ____

Vocabulario y conceptos

expresivo expresionistas expresara influidas

 **Lee el párrafo y busca en el recuadro las palabras que faltan. Escribe las palabras en las líneas siguientes.**

Mientras Yuri contemplaba el paisaje, pensaba cómo lo pintaría. Quería hacer un cuadro __1__ que mostrara el gran afecto que sentía por la escena que tenía ante sí. Esperaba que el trabajo terminado __2__ cuánto amaba aquellos campos. Las ideas de Yuri sobre cómo mostrar sus sentimientos en una obra de arte habían sido __3__ por una visita reciente a un museo de arte. Allí había contemplado cuadros de Vincent van Gogh y otros __2__ . Este grupo de artistas expresaba sus sentimientos con fuertes líneas, colores y figuras.

1. ______________________ 3. ______________________

2. ______________________ 4. ______________________

B **Escribe una oración completa para responder al ejercicio 5. Para las preguntas 6–8, encierra en un círculo la letra de la respuesta correcta.**

5. ¿En qué se diferencia un cuadro expresionista de uno realista? ______________________

____

____

6. A juzgar por la manera en que pintó el cuadro *The Starry Night,* van Gogh se sentía ante esta escena __________.

A. feliz y despreocupado **B.** emocionado **C.** calmado y feliz **D.** tranquilo y triste

7. Van Gogh mostró sus sentimientos en el cuadro *The Starry Night* al pintar __________.

A. un cuadro realista
C. líneas curvas muy fuertes
B. con colores claros
D. un dibujo no figurativo

8. Cuando contemplas el dibujo de arriba, tu mirada se mueve __________.

A. en zig-zag de izquierda a derecha
C. de arriba hacia abajo
B. en remolinos de derecha a izquierda
D. de abajo hacia arriba

Nombre ______________________________

Escribe un cuento

Planea y escribe Observa el *Art Print 7, The Wreck of the "Covenant"*. ¿Cómo imaginas que se siente el hombre del cuadro? ¿Cómo transmiten sentimientos los colores, las líneas, las sombras y los toques de luz del cuadro? Escribe un cuento desde el punto de vista del hombre en el cuadro. Explica cómo llegó al agua, cómo se siente y qué piensa hacer ahora. Planea tu cuento en el siguiente esquema. Luego escribe el cuento en una hoja de papel aparte.

Escenario: Cuándo: Dónde:	Personaje principal: Otros personajes:

Problema:

▼

Sentimientos del personaje sobre este problema:

▼

Sucesos importantes:

1.

2.

3.

▼

Solución:

NOTA PARA EL MAESTRO Muestre el *Art Print 7* mientras los estudiantes completan esta página.

Nombre ____

Lee cada frase u oración. Busca el mejor significado de la palabra de vocabulario de arte que esté subrayada. Encierra en un círculo la letra de la respuesta.

1. Los colores cálidos parecen avanzar.
   A. moverse hacia adelante
   B. dar la sensación de acercarse
   C. desaparecer
2. un móvil que se mueve despacio
   A. escultura de objetos de desecho
   B. collage de papel
   C. escultura colgante
3. contraste entre dos colores
   A. gran diferencia
   B. gran semejanza
   C. líneas gruesas
4. los tintes del cuadro
   A. colores mezclados con blanco
   B. colores oscuros
   C. colores mezclados con negro
5. los colores análogos de un cuadro
   A. rojo y verde
   B. amarillo y verde
   C. amarillo y morado
6. un océano pintado de colores arbitrarios
   A. azul y gris
   B. verde, azul y blanco
   C. naranja y morado

B **Escribe la letra de la palabra que mejor completa cada oración.**

A. equilibran
B. expresionistas
C. armonía
D. matices
E. patrón
F. expresiva

7. Una obra de arte que expresa fuertes sentimientos puede ser llamada __________.
8. Un artista que quiere pintar una escena al aire libre expresando sensaciones de __________, o de paz, puede usar colores análogos.
9. En *Art Print 12*, *The Sunflower Quilting Bee at Arles,* las ventanas rojo y negro forman un __________ en el edificio verde.
10. Vincent Van Gogh influyó un grupo de pintores conocido como __________, que expresan fuertes sentimientos en su pintura.
11. En *Art Print 11*, *Zechariah*, Miguel Ángel uso __________, o colores mezclados con negro, para mostrar las partes oscuras.
12. En una obra de arte que es casi simétrica las figuras de un lado __________ las del otro.

NOTA PARA EL MAESTRO **Muestre los *Art Prints 4, 11* y *12* mientras los estudiantes completan el Repaso de la Unidad.**

Nombre ______________________ **Repaso**

C **Escribe o dibuja las respuestas de los siguientes ejercicios.**

13. Haz un dibujo simétrico.

14. Haz un dibujo asimétrico

15. Imagínate que estás haciendo un cuadro de un paisaje desértico con *colores arbitrarios*. Indica dos cosas que incluirías y de qué color las pintarías. ______________________

____

16. Observa el *Art Print 4, Good Neighbors*. Indica dónde hay colores que contrastan.

____

____

17. Haz una lista de los tintes y matices que ves en el *Art Print 4*. ______________________

____

18. Haz un bosquejo simple de un diseño que tenga un ritmo rápido y ágil.

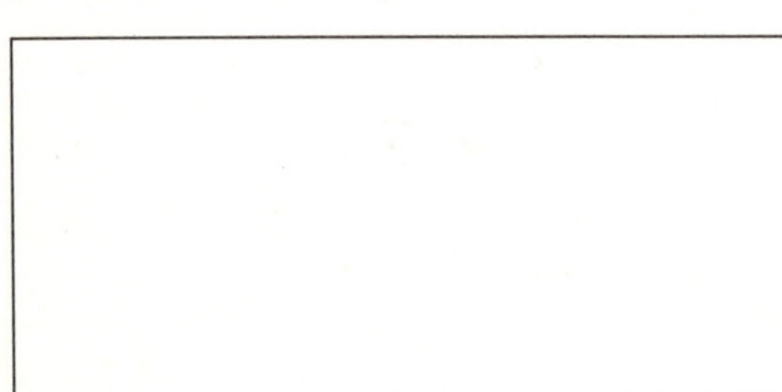

19. Haz un bosquejo simple de un diseño no figurativo que tenga un ritmo lento y perezoso.

20. Esta unidad se llama *Armonía y conflicto*. Haz una lista de varios elementos que pueden hacer que una obra exprese paz y armonía. Luego haz una lista de varios elementos que pueden expresar conflicto y tensión. Si quieres, puedes usar ejemplos de esta unidad. ______________________

____

____

Nombre ____________________

Vocabulario y conceptos

A **Encierra en un círculo la letra de la palabra o la frase que completa mejor cada oración.**

1. Las **páginas iluminadas** son __________.
   - **A.** libros escritos en latín
   - **B.** páginas decoradas que parecen tener luz
   - **C.** cuadros hechos con pintura fluorescente
   - **D.** libros que son fáciles de leer
2. Un cuadro **detallado** muestra __________.
   - **A.** sólo los objetos más grandes de la escena
   - **B.** sólo objetos naturales
   - **C.** pequeños rasgos, así como los objetos grandes
   - **D.** sólo objetos hechos por el hombre
3. Los objetos se **decoran** para que sean más __________.
   - **A.** útiles
   - **B.** seguros
   - **C.** fuertes
   - **D.** bellos

B **Escribe *verdadero o falso* en la línea al lado de cada afirmación de los ejercicios 4–7. Si la afirmación es *falsa,* escríbela de nuevo para que sea correcta. Responde a la pregunta 8 escribiendo una oración.**

4. Todas las páginas que aparecen en la Lección 25 fueron pintadas hace mucho tiempo. __________

   ____

5. Todas las páginas que aparecen en la Lección 25 están escritas en hebreo. __________

   ____

6. Al igual que se hacía antes, hoy día la mayoría de los libros se hacen a mano. __________

   ____

7. Los dibujos y adornos de las páginas iluminadas no están relacionadas con las palabras. __________

   ____

8. ¿Cuál es la idea principal de la Lección 25? __________

   ____

Nombre ______________________________

Escribe la crítica de un libro

Planea y escribe En la Lección 25 aparecen páginas de hermosos libros hechos a mano. Piensa en un libro que hayas leído recientemente y que te haya gustado. Escribe una crítica de ese libro dirigida a tus compañeros de clase. Trata de convencerlos de que lean el libro. Planea tu crítica en el siguiente organizador. Luego escríbela en una hoja aparte.

Primer párrafo: Di a tus compañeros de clase el título del libro y el nombre del autor y explica por qué crees que deberían leer ese libro. Escribe una primera oración que despierte el interés de tus compañeros por el libro.
Segundo párrafo: Cuenta de qué trata el libro. Incluye detalles interesantes sobre el escenario, los personajes principales y el problema. Procura no contar el final. Si el libro no es de ficción, describe el tema de una manera tal, que tus compañeros quieran saber más sobre el tema.
Tercer párrafo: Explica por qué te gustó tanto el libro. ¿Es emocionante? ¿Es de suspenso? ¿Es divertido? ¿Tiene bellos dibujos?
Último párrafo: Vuelve a dar las razones por las que crees que tus compañeros deben leer ese libro.

Nombre ____

Vocabulario y conceptos

A **Escribe la letra de cada término de arte de la derecha junto a la palabra o frase que le corresponde.**

1. __________ borroso
2. __________ borde de una fotografía
3. __________ donde se dirige la mirada al contemplar una foto
4. __________ persona que trabaja tomando fotos

A. centro de interés
B. fuera de foco
C. fotógrafo
D. marco

B **Responde a las siguientes preguntas. Puedes escribir frases u oraciones completas.**

5. Cuando una parte de una fotografía está *enfocada,* ¿cómo se ve esa parte? ____________________

____

6. ¿En qué se parecen las fotografías a los cuadros? ¿En qué se diferencian? ____________________

____

7. Observa el *Art Print 9, Eagle Knight.* ¿Qué crees que sentía la fotógrafa sobre el hombre de la foto?

____

____

8. ¿Dónde ves contraste en esa fotografía? ____________________

____

9. ¿Cuál crees que es el centro de interés en esa fotografía? ____________________

____

10. ¿Qué decisiones tomó la fotógrafa, Flor Garduño, para hacer esa fotografía? ____________________

____

NOTA PARA EL MAESTRO **Muestre el *Art Print 9* mientras los estudiantes completan esta página.**

Nombre ____________________

Escribe un párrafo descriptivo

Planea y escribe Piensa en una ocasión especial que pasaste con tu familia o con amigos. Imagina una fotografía de ese día que captó tus sentimientos y los de los demás. Escribe un párrafo describiendo esa fotografía. Incluye detalles específicos que ayuden a los lectores a "ver" la fotografía. Planea el párrafo en el siguiente organizador. Luego escribe el párrafo en una hoja aparte.

En la primera oración, explica qué celebrabas en esa ocasión o qué estabas haciendo cuando se tomó la fotografía. Trata de despertar el interés de los lectores.

En el resto del párrafo describe la fotografía con detalle.
Dónde se tomó la fotografía: A qué hora del día se tomó la fotografía:
Persona en la fotografía: En qué pose está: Cómo parece sentirse:
Otra persona en la fotografía: En qué pose está: Cómo parece sentirse:
Otra persona en la fotografía: En qué pose está: Cómo parece sentirse:
Objetos interesantes en la fotografía:
En la última oración resume el sentimiento que proyecta la fotografía que acabas de describir.

Nombre ________________________________

Vocabulario y conceptos

A **Escribe la letra de cada definición al lado de la palabra o frase que le corresponda.**

1. __________ terracota
2. __________ sintético
3. __________ bronce
4. __________ sujeto

A. fabricado por el hombre

B. la figura o el objeto que el artista muestra en una obra de arte

C. un metal

D. arcilla

B **En los ejercicios 5–8, escribe *verdadero* o *falso* en la línea al lado de cada afirmación. Si una afirmación es *falsa*, vuélvela a escribir para que sea correcta. Escribe la respuesta a la pregunta 9 en las líneas.**

5. La piedra y la arcilla no fueron materiales comunes para los escultores hasta cientos de años después de que utilizaran el metal. ______________________________

____

6. La piedra y la arcilla son materiales sintéticos. ______________________________

____

7. Todas las esculturas de la Lección 27 representan a mujeres. ______________________________

____

8. Todas las esculturas de la Lección 27 están hechas con materiales sintéticos. ______________________________

____

9. Compara el *Art Print 2, Whistling Jar,* con el *Art Print 6, Watts Towers.* ¿Qué obra de arte se hizo con materiales naturales? ¿Cuál se hizo con materiales sintéticos? Explica tu respuesta. ______________________________

____

____

NOTA PARA EL MAESTRO **Muestre los *Art Prints 2 y 6* mientras los estudiantes completan esta página.**

Nombre ______________________________

Lección 27

ESCULTURAS EN EL TIEMPO

Escribe una carta formal

Planea y escribe Imagina que un escultor va a hacer una escultura de alguien importante de tu vecindario. La escultura se colocará en un parque de la zona. Escribe una carta formal al escultor sugiriendo quién debería ser el sujeto de la escultura. Procura dar razones detalladas de por qué elegiste a esa persona. Planea tu carta en el organizador siguiente. Luego escríbela en una hoja aparte.

Saludo: Estimado Sr./Sra. ____________: Escribe el apellido del escultor	**Encabezamiento:** tu dirección la fecha (Debajo del encabezamiento escribe la **dirección del destinatario.** Inventa el nombre y la dirección del escultor imaginario.)

CUERPO DE LA CARTA

Primer párrafo: Explica por qué escribes la carta. Indica de quién crees que debería ser la escultura.

Segundo párrafo: Da al menos tres razones de por qué crees que esa persona es la que debería ser retratada en una escultura que se va colocar en tu vecindario.

1.

2.

3.

Tercer párrafo: Sugiere la pose en que el escultor debería retratar a esa persona:
Razones:

Último párrafo: Escribe una o dos oraciones agradeciendo al artista su atención.

Despedida:
Atentamente,

____

Nombre ______________________________

Vocabulario y conceptos

fotogramas
animación
ilusión
película de dibujos animados

Lee el párrafo y busca en el recuadro las palabras que faltan. Escribe las palabras sobre las líneas.

Para hacer una **1.** , los artistas deben crear miles de imágenes. Pueden pintar estas imágenes, llamadas **2.** , o pueden hacerlas en una computadora. Cuando las imágenes se muestran muy rápido sobre una pantalla, unas detrás de las otras, crean la **3.** de movimiento. El arte de hacer que parezca que las imágenes se mueven, se llama **4.** .

1. ______________________ **3.** ______________________

2. ______________________ **4.** ______________________

B **En los ejercicios 5 y 6, encierra en un círculo la frase que completa mejor cada oración. Escribe oraciones para responder a las preguntas 7–9.**

5. Los fotogramas de tres dimensiones como los de *Toy Story* son __________.

A. pintados a mano
B. hechos con computadora
C. hechos con papel recortado
D. ejemplos de un tipo de animación antiguo

6. Las imágenes de la película de dibujos animados, *Pinocho*, son __________.

A. bidimensionales
B. de tres dimensiones
C. oscuras y sombrías
D. como fotografías

7. ¿Cómo han cambiado los dibujos animados desde la década de 1940, cuando se filmó *Pinocho*?

____

8. ¿De qué manera los dibujos animados han permanecido igual a lo largo de los años? __________

____

9. A juzgar por las imágenes que viste en la Lección 28, ¿qué crees que preferirías ver, *Toy Story* o *Pinocho*? Explica por qué. ______________________________

____

Nombre ______________________________

Escribe sobre lo que te gusta y lo que no te gusta

Planea y escribe **En la Lección 28 se describen las técnicas que se usan para crear dibujos animados. Piensa en una película de dibujos animados que hayas visto recientemente o que viste cuando eras más pequeño. Escribe una composición dirigida a tu maestro explicando tanto lo que *te gustó* sobre la película como lo que *no te gustó*. Procura explicar tus ideas con detalle. Planea tu composición y toma notas en el siguiente organizador. Luego escribe la composición en una hoja aparte.**

Primero, nombra la película sobre la que vas a hablar. Escribe una primera oración que despierte el interés de tu maestro.

Luego, enumera tres cosas que te gustaron de la película, empezando por la que más te gustó. Da una razón de por qué te gustó cada cosa.

1. Una cosa que me gustó:
Por qué:

2. Otra cosa que me gustó:
Por qué:

3. Otra cosa que me gustó:
Por qué

Ahora enumera tres cosas que *no te gustaron*. Recuerda explicar por qué.

1. Una cosa que no me gustó:
Por qué:

2. Otra cosa que no me gustó:
Por qué:

3. Otra cosa que no me gustó:
Por qué

Finalmente, escribe una conclusión que resuma las cosas buenas y malas de la película.

Nombre ____

Vocabulario y conceptos

agujas
arcos
minaretes

Nombra las partes de cada dibujo con palabras del recuadro.

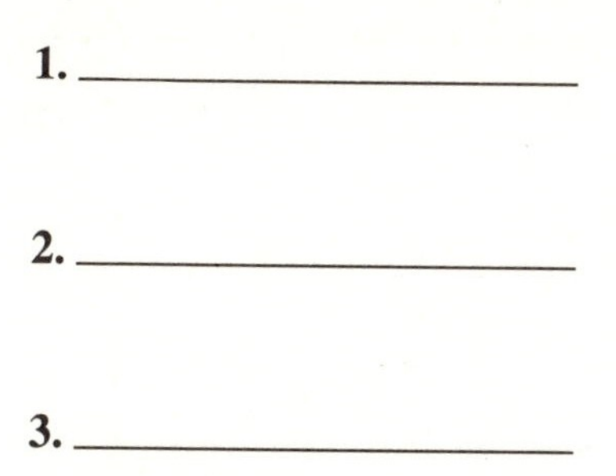

1. ____________________

2. ____________________

3. ____________________

Dibujo A

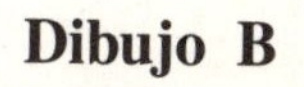

Dibujo B

B **En los ejercicios 4–8, encierra en un círculo la letra de la palabra o la frase que mejor completa la oración. Escribe frases para responder al ejercicio 9.**

4. El dibujo B muestra un edificio de __________.

A. oriente **B.** occidente **C.** el norte **D.** el sur

5. Una catedral es __________.

A. un pequeño edificio donde rezan los cristianos
B. un lugar grande donde rezan los cristianos
C. el lugar donde rezan los musulmanes
D. el lugar donde rezan los judíos

6. La catedral de Lincoln es un edificio de __________.

A. madera **B.** ladrillo **C.** acero **D.** piedra

7. El Taj Mahal está en __________.

A. Inglaterra **B.** Francia **C.** India **D.** Etiopía

8. El Taj Mahal se construyó __________.

A. en memoria de la esposa de un soberano de India
B. como un lugar para que rezaran los cristianos
C. como homenaje a un rey de Inglaterra
D. como un museo de arte

9. Enumera tres características que tengan en común la catedral de Lincoln y el Taj Mahal.

____

____

Nombre ____________________

Lección 29

CONSTRUCCIONES DE PIEDRA

Escribe un párrafo descriptivo

Planea y escribe En la Lección 29 hay dos edificios enormes e imponentes hechos de piedra. Observa la catedral que aparece en *Art Print 10,* la *Sagrada Familia.* Luego escribe un párrafo que describa el aspecto de este edificio. Procura incluir detalles para que el lector que nunca ha visto el edificio pueda imaginárselo con claridad. Planea tu párrafo en el organizador siguiente. Luego escribe el párrafo en una hoja aparte.

Escribe una oración introductoria que explique cómo te sentirías si estuvieras caminando hacia la catedral la *Sagrada familia.*

Luego enumera los detalles que quieres incluir en tu descripción. Puede ser útil que respondas a estas preguntas.

¿De qué color es el edificio?

¿Qué formas tienen las distintas partes? (por ejemplo, ¿Las entradas son en arco o rectangulares? ¿Tiene torres el edificio? ¿Qué forma tienen?)

¿Cuántos pisos parece tener el edificio? ¿Aproximadamente cuántas ventanas? ¿Y puertas?

¿De qué material parece estar hecho el edificio? (algunos materiales son piedra, madera, ladrillo, metal, concreto y cristal)

Otros detalles:

NOTA PARA EL MAESTRO Muestre el *Art Print 10* mientras los estudiantes completan esta página.

Nombre ____

Vocabulario y conceptos

A **Escribe la letra de cada definición a la derecha de la palabra o frase que le corresponda.**

1. __________ arquitecto
2. __________ diseñado
3. __________ arquitectura
4. __________ pirámide

A. una figura de tres dimensiones como ésta: 

B. un artista que hace planos de los edificios

C. planeado

D. el arte de hacer los planos de los edificios

B **Escribe una oración para responder a la pregunta. En los ejercicios 6–9, encierra en un círculo la letra de la palabra o frase que mejor completa cada oración.**

5. ¿Por qué algunos críticos de arte se oponen a que se construyan edificios modernos en la parte vieja de las ciudades? ____

____

6. La pirámide de cristal que viste en la Lección 30 forma parte de __________ que se hizo para el Louvre.

A. un nuevo suelo
B. un nuevo techo
C. una nueva pared
D. una nueva entrada

7. La nueva sección del Louvre se construyó __________.

A. hace cientos de años
B. encima de un antiguo palacio
C. bajo tierra
D. a muchas millas de distancia del antiguo Louvre

8. El arquitecto que diseñó la nueva sección del Louvre quería darle al museo __________.

A. un lugar interior oscuro para ayudar a conservar las obras de arte
B. más luz y espacio
C. un patio con sombras
D. un aspecto más majestuoso y anticuado

9. El museo Solomon R. Guggenheim es __________ que los edificios que lo rodean.

A. más antiguo
B. más alto
C. más redondeado
D. más rectangular

Nombre ______________________________

Escribe un párrafo descriptivo

Planea y escribe **En la lección 30 conociste algunos estilos de arquitectura moderna que eran distintos de otros diseños de edificios más antiguos. Los estilos de ropa también cambian con el tiempo. Las ilustraciones siguientes muestran estudiantes de los años 50. Escribe una composición dirigida a tu maestro donde compares el estilo de vestir de estos estudiantes con la manera en que los estudiantes se visten hoy día. Procura incluir muchos detalles en la comparación. Planea tu composición en el diagrama siguiente. Luego escribe el diagrama en una hoja aparte.**

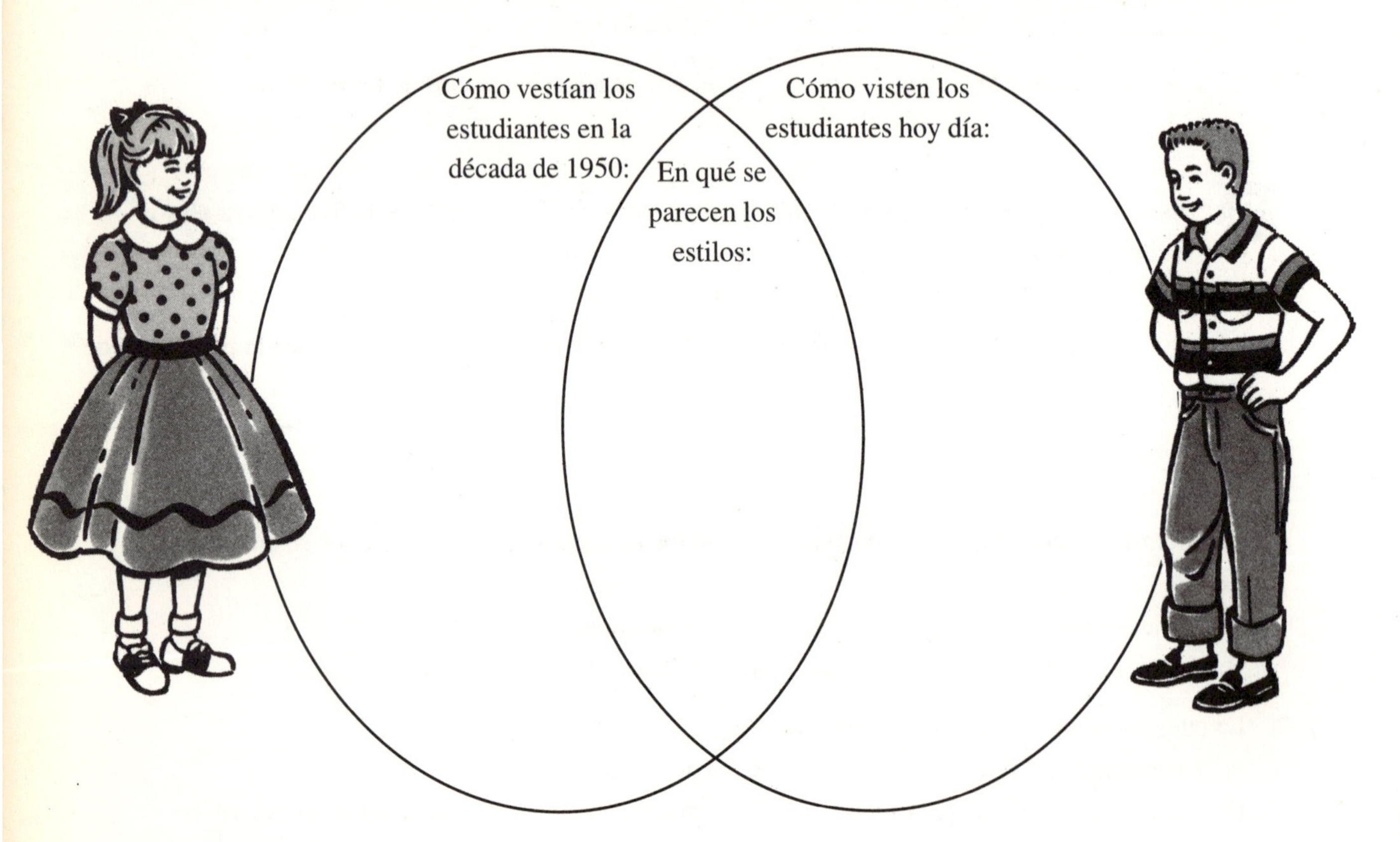

Sugerencias para comparar

1. Empieza el primer párrafo con una oración que explique qué estás comparando. Da dos o tres detalles que indiquen en qué se parecen los estilos. (Usa palabras tales como *ambos* y *también)*

2. Empieza el segundo párrafo con una oración que explique lo que comparas. Luego da dos o tres detalles que indiquen en qué se diferencian los estilos.

3. En la última oración, resume en qué se parecen y en qué se diferencian los dos estilos.

Nombre ____

Lee cada frase u oración. Busca el mejor significado de la palabra del vocabulario de arte que esté subrayada. Rellena el círculo de la respuesta correcta.

1. el marco de una fotografía
A. tema
B. borde
C. tamaño
D. antigüedad

2. las agujas de una catedral
A. cúpulas
B. entradas
C. ventanas
D. torres

3. materiales sintéticos
A. naturales
B. reciclados
C. artísticos
D. fabricados por el hombre

4. diferentes imágenes de una película animada
A. esculturas
B. fotogramas
C. animadores
D. fondos

5. el arco de la entrada
A. curva sobre la entrada
B. forma rectangular
C. altura
D. ancho

6. fuera de foco
A. nítido
B. con contraste
C. borroso
D. no es una obra de arte

RESPUESTAS				
1.	A	B	C	D
2.	A	B	C	D
3.	A	B	C	D
4.	A	B	C	D
5.	A	B	C	D
6.	A	B	C	D

B **Escribe la letra de la palabra o frase que completa cada oración.**

7. El arte de hacer que las imágenes parezcan que se mueven se llama __________.

8. El arte de diseñar edificios se llama __________.

9. La Lección 25 muestra __________ de libros antiguos; éstas parecen "tener luz" porque fueron pintadas con adornos brillantes.

10. El __________ es el punto donde se centran primero los ojos del espectador cuando mira una fotografía u otra obra de arte.

11. Las torres altas y delgadas que se encuentran en las esquinas de las mezquitas se denominan __________.

12. Por cientos de años, los escultores han utilizado una clase de arcilla denominada __________.

A. páginas iluminadas
B. minaretes
C. arquitectura
D. terracota
E. animación
F. centro de interés

NOTA PARA EL MAESTRO Muestre los *Art Prints 2* y *11* mientras los estudiantes completan el Repaso de la Unidad.

Nombre ________________________________ **Repaso**

Escribe o dibuja la respuesta de las siguientes preguntas.

13. Dibuja un arco.

14. Dibuja una pirámide.

15. Da dos ejemplos de materiales *sintéticos*. ________________________________

____

16. Observa el *Art Print 11, Zechariah*. ¿Cuál es el centro de interés en este cuadro? ____________

____

17. Observa el *Art Print 2, Whistiling Jar*. ¿Cómo *decoró* el artista la vasija? ____________

____

18. Haz un dibujo sencillo de un edificio con minaretes.

19. Haz un dibujo sencillo de un edificio con agujas.

20. Esta unidad se llama *Nuevas formas de crear*. Nombra tres formas de arte que hayas conocido en este programa además de pintar y dibujar.

____

____

Nombre ______________________________

Vocabulario y conceptos

El tema
La cultura
Un mural

A **Completa cada oración con una palabra del recuadro.**

1. ____________________ es la forma de vida de un pueblo.

2. ____________________ es una pintura grande, generalmente sobre una pared.

3. ____________________ es la idea principal.

B **En los ejercicios 4–7, encierra en un círculo la letra de la respuesta correcta. Escribe oraciones completas para responder a la pregunta 8.**

4. ¿Qué afirmación sobre los murales es cierta?
A. A menudo cuentan historias sobre las personas.
B. A menudo están pintadas en el techo.
C. A menudo muestran dibujos no figurativos.
D. Las figuras son siempre mucho más pequeñas que en la vida real.

5. Piensa en el mural de Diego Rivera que viste en la Lección 31. ¿Qué comunica el mural de Rivera sobre la cultura americana?
A. Muchos americanos trabajan en oficinas
B. Muchos americanos trabajan en fábricas
C. Muchos americanos practican deportes.
D. Muchos americanos prefieren trabajar a solas.

6. ¿Cuál podría ser el tema del mural de Rivera?
A. Los trabajadores de las fábricas trabajan duro y cooperan.
B. Los artistas americanos disfrutan pintando murales.
C. A los trabajadores americanos no les gusta trabajar en oficinas.
D. El ritmo de la vida en Estados Unidos es a menudo lento y tranquilo.

7. Diego Rivera pintó los cuerpos de las personas inclinados para mostrar __________.
A. la textura de la ropa
B. el ritmo de su movimiento
C. el ruido que hacían
D. los pensamientos que tenían

8. ¿Cómo crea una sensación de energía en este mural? ______________________________

____

____

Nombre ______________________________

Escribe un párrafo descriptivo

Planea y escribe En la Lección 31 viste un mural donde aparecían personas trabajando en una fábrica. Piensa en un lugar de trabajo de tu vecindario, por ejemplo un restaurante, una biblioteca, la oficina de correos o la panadería. Escribe un párrafo para tu maestro en el que describas el lugar que elijas. Procura incluir palabras que sugieran sensaciones, olores y sonidos para crear una imagen muy clara del lugar. Planea tu párrafo en el organizador siguiente y luego escribe el párrafo en una hoja aparte.

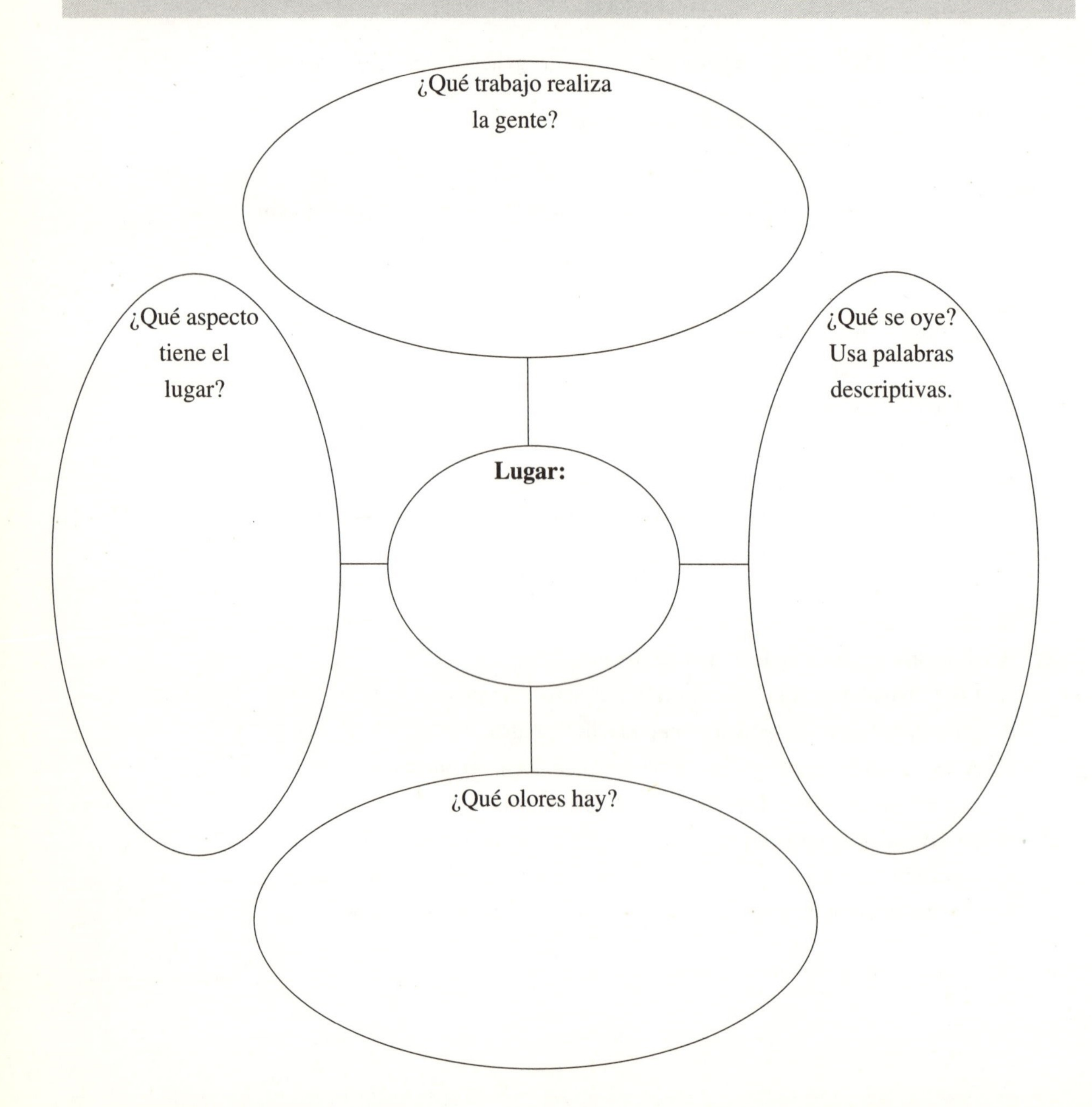

Nombre ____________________

Vocabulario y conceptos

A **Escribe la letra de la definición junto a la palabra que le corresponda.**

1. __________ tallado
2. __________ barbotina
3. __________ porcelana
4. __________ ceramista

A. artista que hace cerámica

B. cortado

C. mezcla de agua con arcilla

D. arcilla dura y pura

B **En los ejercicios 5–8, escribe *verdadero* o *falso* en la línea al lado de cada afirmación. Si la afirmación es *falsa,* escríbela de nuevo para que sea correcta. Responde la pregunta 9 con una o varias oraciones.**

5. Al igual que los dibujos animados, la cerámica se desarrolló por primera vez durante el siglo XX.

____

6. Los ceramistas ingleses aprendieron algunas técnicas cuando estudiaron las antiguas cerámicas chinas.

____

____

7. La barbotina se usa para tallar o esculpir en la cerámica. __________

____

8. El ceramista chino que hace mil años hizo el jarrón que aparece en la Lección 32 copió el diseño de antiguas vasijas inglesas. __________

____

9. La unidad a la que pertenece la Lección 32 se llama *Herencia y cambio.* ¿Cómo se relaciona lo que aprendiste en la Lección 32 con este tema? __________

____

____

Nombre ____________________

Lección 32

SIGLOS DE CERÁMICA

Escribe un ensayo descriptivo

Planea y escribe **La Lección 32 trata acerca de la cerámica, un arte que se desarrolló porque la gente necesitaba recipientes que sirvieran para transportar y para guardar líquidos, granos y otras sustancias. Imagínate un objeto que te guste. Escribe una descripción detallada del objeto que elijas. Procura describirlo de manera que los lectores se lo puedan imaginar. Planea tu descripción en el siguiente organizador. Luego escribe el ensayo en una hoja aparte.**

Objetos útiles
mesa
computadora
aspiradora
televisor
bicicleta
tostadora
horno de microondas
¿Qué otros objetos útiles se te ocurren?

Primero, haz un bosquejo del objeto para recordar cómo es. Puedes escribir en el dibujo cómo se llaman las partes que componen el objeto, su textura y el color que tiene.

Primer párrafo: Indica cómo se llama el objeto del que vas a escribir y por qué te gusta. Trata de escribir una primera oración que despierte el interés del lector. Describe el objeto detalladamente. Indica:

- el color
- la(s) textura(s)
- las partes que lo componen
- el material del que está hecho
- los adornos o lo que tenga escrito

Segundo párrafo: Habla acerca de ese objeto:

- qué función tiene
- si funciona bien o mal
- lo que te gusta de usar el objeto
- otros usos que tiene, además del principal

Último párrafo: Resume lo que sientes por el objeto que acabas de describir.

Nombre ______________________________

Vocabulario y conceptos

tejedora
tejida
tejer

Lee el párrafo y busca en el recuadro las palabras que hacen falta. Escribe las palabras en las líneas que siguen.

Observa esta preciosa alfombra **1.** ___ . Fue hecha con lana y tiene franjas anchas de color negro, rojo y morado. A la **2.** ___ que fabricó esta alfombra le gustan los colores brillantes. Aprendió a **3.** ___ de su abuela, quien aprendió de *su* abuela hace muchos años.

1. ______________ **2.** ______________ **3.** ______________

B **Escribe la respuesta de los siguientes ejercicios. Puedes escribir frases u oraciones completas.**

4. ¿Qué es tejer? ______________________________

____

5. Indica el nombre de dos otras dos formas de arte tradicional, que no sean los tejidos, sobre las que hayas leído en este programa. ______________________________

____

6. ¿De qué manera contribuyen los tejedores a mantener vivas las tradiciones culturales? ______________

____

7. Nombra varios objetos tejidos que veas en el salón de clases. (Es probable que estos tejidos hayan sido hechos a máquina y no a mano.) ______________________________

____

8. Nombra otras formas de arte, tradiciones u oficios, que no sean los tejidos, que se pasan de generación en generación. ______________________________

Nombre ____

Escribe una redacción con instrucciones

Planea y escribe La destreza de hacer tejidos se pasa de generación en generación. Imagínate una destreza importante que hayas aprendido de algún familiar mayor o de un amigo, como cocinar recetas típicas o hacer algún tipo de decoración especial para un día feriado. Escribe una redacción corta para un amigo o un familiar más joven que tú, explicando cómo se hace. Procura hacer una lista, en orden, de los pasos importantes que la persona debe seguir. Planea la redacción en el siguiente organizador. Luego escríbela en una hoja aparte.

Destreza: (Escribe una oración explicando la destreza.)	**Materiales o instrumentos necesarios:**

Primer paso:

(Recuerda usar palabras que indican orden temporal, como *primero*.)

▼

Segundo paso:

(Usa palabras que indican orden temporal, como *luego*.)

▼

Tercer paso:

▼

Cuarto paso:

(Usa palabras que indican orden temporal, como *finalmente* o *por último*.)

Nombre ______________________________

Vocabulario y conceptos

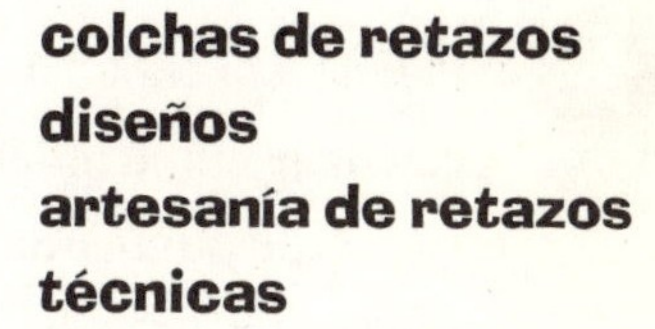

A **Completa cada oración con una palabra del recuadro.**

1. Otra palabra para decir *métodos* es ____________________.

2. Las colchas hechas con trozos de tela se llaman ____________________.

3. Cuando se hace un diseño a base de trozos se llama ____________________.

4. La repetición de figuras ayuda a crear ____________________ fuertes.

B **Escribe una respuesta para cada uno de los siguientes ejercicios. Usa oraciones completas.**

5. ¿Por qué empezaron las pioneras a hacer colchas de retazos? ____________________

____

6. Describe el proceso para hacer una colcha de retazos. ____________________

____

7. ¿De qué manera las pioneras simplificaron la tarea de hacer colchas? ____________________

____

8. Explica por qué una colcha de retazos es como un collage. ____________________

____

____

9. ¿Todavía se hacen colchas? Si es así, ¿en qué se diferencian las colchas de hoy de las de antes? __________

____

____

Nombre ____

Escribe un ensayo descriptivo

Planea y escribe Una de las colchas de retazos que viste en la Lección 34 fue hecha para celebrar el nacimiento de un bebé. Imagínate que vas a hacer una colcha de retazos para registrar momentos especiales de tu vida. Escribe un ensayo descriptivo dirigido a tu maestro acerca de tres de los cuadrados que vas a poner en tu colcha autobiográfica. Planea tu ensayo en el siguiente organizador. Luego escribe el ensayo en una hoja aparte.

1. **Escribe el comienzo.**

Escribe una oración en la que presentes el tema. Trata de despertar el interés de tu maestro.

2. **Escribe el desarrollo.**

Piensa en los dibujos, símbolos y patrones que quieres poner en los cuadrados. Describe cada cuadrado e indica lo que va a mostrar acerca de tu vida. Para imaginarte cada cuadrado, puedes hacer un bosquejo en una hoja aparte.

Primer cuadrado:
Descripción:
Qué dice acerca de mi vida:

Segundo cuadrado:
Descripción:
Qué dice acerca de mi vida:

Tercer cuadrado:
Descripción:
Qué dice acerca de mi vida:

3. **Escribe la conclusión.**

Escribe en el último párrafo una afirmación general acerca de los momentos que van a aparecer en tu colcha de retazos.

Nombre ______________________________

Vocabulario y conceptos

A **Escribe la letra de la definición de la derecha junto a la palabra que le corresponda.**

1. __________ tallado artesanal

2. __________ joyas

3. __________ gema

4. __________ ornamentación

A. piedra preciosa

B. decoración

C. hecho con destreza y arte

D. adornos que la gente usa, como collares y brazaletes

B **En los ejercicios 5–8, encierra en un círculo la letra de la palabra o frase que mejor completa cada oración. Escribe una o más oraciones para responder el ejercicio 9.**

5. Muchas de las personas que usaban joyas hace mucho tiempo lo hacían como muestra de __________.

A. paz y amistad
B. educación
C. poder y riqueza
D. libertad

6. Las joyas que aparecen en la Lección 35 fueron hechas de __________.

A. madera
B. terracota
C. materias primas preciosas
D. objetos comunes

7. La ornamentación tiene como objetivo que los objetos sean __________.

A. más útiles
B. más bellos
C. fuertes
D. más baratos

8. La gente empezó a hacer joyas __________.

A. en la antigüedad
B. a principios del siglo XVIII
C. a finales del siglo XIX
D. a mediados del siglo XX

9. Indica el nombre de tres materias primas que pueden ser usadas en una joya. ______________________

____

____

Nombre ______________________________________

Lección 35

ARTE PARA LUCIR

Escribe sobre lo que te gusta y sobre lo que no te gusta

Planea y escribe **Por lo general, las personas usan joyas cuando se visten para ocasiones especiales, como las bodas o las fiestas. Piensa alguna vez que tuviste que vestirte para una ocasión especial. Escribe dos párrafos en los que indiques a tu maestro qué te gustó de esa experiencia y qué no te gustó. Procura incluir detalles. Planea tu redacción en el siguiente organizador. Escribe la redacción en una hoja aparte.**

Primero, escribe en una oración la ocasión en la que te vestiste bien. Trata de despertar el interés del lector.

Luego escribe acerca de dos cosas que te gustaron de la experiencia. (Puedes incluir detalles acerca del traje que te pusiste. También puedes indicar cómo te sentiste cuando te pusiste el traje y por qué era apropiado para la ocasión.)

1. Detalle acerca del traje:
Razón por la que me gustó:

2. Detalle acerca del traje:
Razón por la que me gustó:

Después, escribe acerca de dos cosas que *no* te gustaron de esa experiencia. (Piensa en las siguientes preguntas: ¿Era cómodo el traje? ¿Era fácil caminar, bailar o hablar con la gente mientras llevabas el traje puesto?)

1. Detalle acerca del traje:
Razón por la que no me gustó:

2. Detalle acerca del traje:
Razón por la que no me gustó:

Para finalizar, escribe una conclusión que resuma las cosas buenas y las cosas malas que tiene el vestirse para una ocasión especial.

Nombre ______________________________

Vocabulario y conceptos

habilidad
tradición
artistas populares
los ancianos

Lee el siguiente párrafo. Busca en el recuadro la palabra que puede reemplazar la palabra o frase que aparece subrayada. Escribe las palabras en las líneas que siguen.

Hacer máscaras es una costumbre (1) de muchas culturas. Esta destreza (2) especial se transmite de generación en generación. Muchos artesanos (3) aprenden el arte de la gente que es mayor que ellos (4).

1. ______________________ 3. ______________________

2. ______________________ 4. ______________________

B **Responde cada uno de los siguientes ejercicios. Puedes escribir frases u oraciones completas.**

5. ¿Qué es una máscara? ______________________

6. ¿De qué maneras pueden usarse las máscaras? ______________________

7. ¿Cómo aprenden su destreza los artistas populares? ______________________

8. Indica el nombre de dos artes folklóricos que no sea hacer máscaras, acerca de los que hayas leído en esta unidad. ______________________

9. Describe una máscara que te hayas puesto o que hayas visto en otra persona. Indica de qué estaba hecha, a quién o qué representaba, de qué colores era y qué adornos tenía. ______________________

Nombre ______________________________

Lección 36

CARAS DEL ARTE FOLKLÓRICO

Escribe sobre lo que te gusta y lo que no te gusta

Planea y escribe **La máscara japonesa que aparece en la Lección 36 fue usada en una obra de teatro. Piensa en las veces que has participado en una obra de teatro. Escribe un ensayo dirigido a tu maestro en el que expliques lo que te gustó de actuar en esas obras de teatro y lo que no te gustó. Procura explicar tus ideas detalladamente. Usa el siguiente organizador para planear tu ensayo. Luego escribe el ensayo en una hoja aparte.**

Primero, explica lo que vas a escribir en una oración que despierte el interés del lector.

Luego, escribe acerca de lo que te gusta de actuar en obras de teatro, empezando por la cosa más importante. Amplía cada detalle con una razón.

1. Detalle:
Razón:

2. Detalle:
Razón:

3. Detalle:
Razón:

Ahora haz una lista de tres cosas que *no* te gustan de actuar en obras de teatro. Una vez más, da detalles y razones.

1. Detalle:
Razón:

2. Detalle:
Razón:

3. Detalle:
Razón:

Para finalizar, escribe una conclusión que resuma las cosas buenas y las cosas malas de actuar en obras de teatro.

Nombre ______________________________

A **Completa las oraciones con un término de arte del recuadro.**

barbotina
artistas populares
ornamentación
murales
colchas de retazos

1. Otra palabra para *decoración* es ____________________.
2. Las personas que aprenden oficios de los ancianos se denominan ____________________.
3. Las colchas hechas con trozos de tela cosidos se llaman ____________________.
4. Las pinturas grandes realizadas en paredes se denominan ____________________.
5. La mezcla de arcilla y agua, denominada ____________________, se utiliza para pegar diferentes piezas de arcilla juntas.

B **Encierra en un círculo la letra de la palabra o frase que completa mejor cada oración.**

6. Los **tejedores** son artistas que hacen __________.
   A. tejidos de hilos o hebras
   B. colchas de retazos de tela
   C. cerámicas con arcilla
   D. máscaras de madera
7. El **tema** de una obra de arte es su __________.
   A. textura
   B. lugar
   C. idea principal
   D. colores
8. Las **joyas** son generalmente hechas de __________.
   A. retazos de tela
   B. hebras o hilos
   C. metales y piedras preciosas
   D. madera o papel
9. Cuando un diseño está **tallado** en una vasija, está __________.
   A. pintado sobre la vasija
   B. ubicado dentro de la vasija
   C. pegado a la vasija
   D. cortado en la vasija
10. La **porcelana** se utiliza para hacer __________.
    A. cuadros
    B. cerámica
    C. papel
    D. colchas

NOTA PARA EL MAESTRO **Muestre los *Art Prints 2, 4, 5, 8, 9* y *12* mientras los estudiantes completan el Repaso de la Unidad.**

Nombre ______________________ **Repaso**

C **Dibuja las respuestas de los ejercicios 11 y 12. Escribe las respuestas de los ejercicios 13–20.**

11. Haz un dibujo sencillo de una **máscara**.

12. Haz un dibujo sencillo de una **colcha de retazos**.

13. Nombra dos formas de arte tradicional o artes del pueblo que se encuentren en varias culturas.

____

14. ¿Qué tienen en común el tejido y el arte de hacer colchas? ¿En qué se diferencian?

____

15. De las formas de arte que aprendiste en la Lección 6, nombra una que utilices en la vida diaria.

Explica por qué es útil. ______________________

____

16. ¿En qué se diferencia un artista popular de un artista que aprendió a pintar o a dibujar tomando

clases en la escuela? ______________________

____

17. ¿Qué información puede proporcionar un mural a cerca de una comunidad? Da un ejemplo que

explique tu respuesta. ______________________

____

18. ¿Por qué se usaban joyas en la antigüedad? ¿Por qué se usan hoy? ______________________

____

____

19. Cuando los ceramistas de una cultura aprenden de los ceramistas de otra cultura, ¿suelen copiar

totalmente el estilo y las técnicas? Explica tu respuesta. ______________________

____

20. Esta unidad se llama *Herencia y cambio*. Busca una obra de arte que haya en tu salón de clases que corresponda con esta descripción. Explica por qué la elegiste.

Nombre de la obra de arte y del artista ______________________

____

Unidad 1

Lección 1 Imágenes de la naturaleza Páginas 3–4

1. orgánicas
2. geométricas
3. textura
4. B 5. C 6. A
7. Respuesta posible: Los artistas querían mostrar que para ellos los animales eran importantes.

Lección 2 Luz y sombra Páginas 5–6

1. bidimensional
2. tridimensional
3. sombreado
4. valor
5. toques de luz
6. añadiéndole negro
7. Dibujó partes con sombra y partes con luz.
8. Respuesta posible: Parece provenir del lado derecho. Se sabe al observar la iluminación en la parte izquierda de las caras, los brazos y las rodillas de las personas.

Lección 3 La ilusión de la distancia Páginas 7–8

1. C 2. B 3. D 4. A
5. Respuesta posible: El pintor debería pintar el cielo, el barco de vela y la isla de colores más pálidos y sin brillo. Los objetos del primer plano, como la sombrilla, deben ser pintados de colores más intensos y brillantes.
6. D 7. A

Lección 4 Dentro de la escena Páginas 9–10

1. dibujos A y C
2. en el dibujo A
3. Respuesta posible: No, porque no tiene profundidad; es plano o bidimensional.
4. B 5. B 6. C 7. A

Lección 5 Impresiones de luz Páginas 11–12

1. C 2. A 3. B
4. B 5. D 6. A
7. Respuesta posible: Un pintor puede mostrar reflejos pintando en el agua una copia de los objetos que aparecen fuera del agua.

Lección 6 Mostrar movimiento Páginas 13–14

1. esculturas
2. escultores
3. diagonales
4. dramática
5. Respuesta posible: El brazo del Dr. King está levantado, como si estuviera saludando. Tiene la rodilla doblada como si estuviera subiendo las escaleras.
6. Respuesta posible: Hay líneas diagonales en el cuello y en las patas del caballo y de las vacas, en las gotas de lluvia, en el relámpago y en el cuerpo del hombre que se inclina hacia adelante.
7. Respuesta posible: El pintor usó líneas diagonales en las patas de los elefantes para mostrar que están caminando.

Repaso de la Unidad 1 Ver para creer Páginas 15–16

1. A 2. D 3. A
4. C 5. D 6. A
7. B 8. F 9. D
10. E 11. A 12. C
13. Los dibujos variarán. Los estudiantes deben dibujar dos bosquejos sencillos de figuras, como una manzana o una hoja.
14. Los dibujos variarán. Los estudiantes deben dibujar bosquejos de dos figuras geométricas como un cuadrado y un triángulo.
15. El sombreado consiste en zonas de líneas muy pequeñas que sirven para mostrar sombras y dar profundidad a los objetos.
16. Hay colinas y un edificio en el fondo.
17. En el primer plano hay un trozo de barandilla y un poste decorado con azulejos rotos.
18. Los dibujos variarán. Los estudiantes deben dibujar una escena con un punto de fuga, por ejemplo las vías de un tren que se unen en un punto en el horizonte.
19. Los dibujos variarán. Los estudiantes deben dibujar una escena con simetría horizontal, por ejemplo árboles que se reflejan en un lago.
20. Respuesta posible: En *The Elephants* se observa más movimiento. Las líneas diagonales en las patas de los elefantes muestran que los elefantes están moviéndose. En el *Art Print 12* la gente parece estar sentada o de pie sin moverse, aunque hay algo de movimiento en las cabezas y las manos de las mujeres.

Unidad 2

Lección 7 Retratos Páginas 17–18

1. retrato
2. proporciones
3. símbolos

4. énfasis
5. pose
6. Respuesta posible: Un artista puede pintar un retrato de alguien con el fin de representar la vida y las obras de esa persona.
7. Respuesta posible: La persona puede estar de pie y tener un aspecto serio.
8. Respuesta posible: El artista puede incluir símbolos como libros, papeles, mapas, un globo terráqueo, un lápiz y un pizarrón.

Lección 8 Colores y sensaciones Páginas 19–20

1. C 2. A 3. B
4. Respuesta posible: Un artista puede emplear colores cálidos para expresar un estado de ánimo feliz, tranquilo, o colores fríos para expresar un estado de ánimo triste y sombrío.
5. Respuesta posible: sombrío, de miedo, frío
6. Respuesta posible: Los azules, grises y verdes oscuros transmiten un estado de ánimo frío y de miedo.
7. Respuesta posible: Expresa un estado de ánimo alegre y feliz.
8. Respuesta posible: Es probable que sintiera amor por su vecindario ya que muestra a los vecinos trabajando juntos y felices. Los colores cálidos ayudan a expresar un sentimiento de felicidad.

Lección 9 Mosaicos Páginas 21–22

1. abstracto
2. mosaico
3. teselas
4. Un mosaico es una obra de arte hecha con teselas, que son trozos de vidrio o de cerámica, o piedritas.
5. Esos mosaicos sirven para rendir homenaje a lugares especiales: una ciudad y una tumba.
6. Los mosaicos duran mucho tiempo y pueden resistir el viento, la lluvia y el uso frecuente.
7. A 8. C

Lección 10 Imágenes que inspiran Páginas 23–24

1. estatuas
2. escala
3. gran escala
4. No, porque una estatua a gran escala de un objeto es más grande que el tamaño natural de ese objeto.
5. Respuesta posible: El jaguar de la vasija está hecha a una escala mucho menor que la estatua del Dr. King. La estatua del jaguar es mucho más pequeña que un jaguar real, mientras que la del Dr. King es más grande que una estatua de tamaño natural.
6. Respuesta posible: La Estatua de la Libertad representa libertad, independencia, oportunidades, un nuevo comienzo y bienvenida.
7. Las respuestas variarán. Respuesta posible: Posiblemente la estatua expresa la importancia de la igualdad entre personas de distintas razas.

Lección 11 El poder de un cartel Páginas 25–26

1. B 2. A 3. C 4. A
5. B 6. B 7. C

Lección 12 Pop Art Páginas 27–28

1. unidad
2. variedad
3. empaste
4. Pop Art
5. C 6. D 7. D 8. A

Repaso de la Unidad 2 Puntos de vista Páginas 29–30

1. A 2. B 3. D
4. B 5. A 6. B
7. F 8. D 9. A
10. E 11. C 12. B
13. Los diseños variarán. Los estudiantes deben dibujar figuras que no representen ningún objeto.
14. Los dibujos variarán. Los estudiantes deben hacer un dibujo de un gato que no sea realista.
15. Las teselas son pequeños trozos de azulejos o piedritas que los artistas usan para hacer mosaicos.
16. Respuesta posible: amarillo, color café, naranja, rojo; expresa un estado de ánimo alegre.
17. Las respuestas variarán. Respuesta posible: Jazz en Dixiland, Concierto en el parque, 14 de Junio. Si el cartel tuviera letra impresa el artista podría estar tratando de persuadir al espectador de que vaya al concierto.
18. Los dibujos variarán. Los estudiantes pueden hacer un dibujo como si fuera una viñeta, con un círculo por hocico y un punto negro por nariz. La nariz debe estar escorzada.
19. Los dibujos variarán. Los estudiantes deben mostrar un símbolo común, como un corazón y decir qué representa, por ejemplo, amor.

20. Las respuestas variarán. Algunos estudiantes pueden preferir el *Art Print 7* o el *12* porque consideran el *Art Print 5* demasiado extraño o inquietante para ponerlo en casa. Los estudiantes deben darse cuenta de que ni el *5* ni el *7* expresan un estado de ánimo tan alegre y liviano como el del *Art Print 12*.

Unidad 3

Lección 13 Experimentos con el espacio Páginas 31–32

1. espacio negativo
2. espacio positivo
3. collage
4. A 5. B
6. Respuesta posible: espacio positivo: los caballos, los jinetes, el ganado, el relámpago; negativo: el cielo y la tierra.
7. Respuesta posible: negativo: la pared, el cielo raso; positivo: el hombre, el libro, los niños, las columnillas.

Lección 14 El arte de la ilusión Páginas 33–34

1. B 2. C 3. B
4. Respuestas posibles: El Op Art es un estilo caracterizado porque las obras de arte engañan a la vista.
5. Acepte cualquiera de los pares: rojo y verde; amarillo y morado; azul y naranja
6. Respuesta posible: Es probable que las partes o las figuras pintadas de esos colores den la impresión de estar en movimiento.
7. Las respuestas variarán. Respuestas posibles: No, porque los dos colores juntos serían muy brillantes y no se podría descansar en ese cuarto. Sí, porque sería emocionante que pareciera que las paredes y el cielo raso se mueven.

Lección 15 Mundos imaginarios Páginas 35–36

1. ilustradores
2. escena
3. imaginarios
4. Respuesta posible: No, no podría existir en la vida real porque en ella la gente no anda en dinosaurios voladores y las cataratas no salen de los edificios.
5. B 6. C 7. B 8. B

Lección 16 Arte ensamblado Páginas 37–38

1. objetos de desecho
2. ensambló
3. *assemblage*
4. Ambas están hechas con objetos que nadie quiere y que los artistas han encontrado y juntado.
5. Las *Watts Towers* son un *assemblage*. Explicación posible: El artista combinó objetos de desecho para construir las *Watts Towers*.
6. Las respuestas variarán. Respuesta posible: Astillas de madera, trozos de metal, pedazos de cartón, tapas de plástico, tapas de botellas y lana pueden ser usados para construir un *assemblage*.
7. B 8. C

Lección 17 Segunda impresión Páginas 39–40

1. C 2. C 3. A
4. Respuesta posible: *The Elephants* es un cuadro surrealista. Reúne objetos reales, tales como los elefantes, el desierto y las colinas, de una manera que jamás ocurriría en la realidad: por ejemplo, que los elefantes tengan las patas como palos largos.
5. Las respuestas variarán. Respuesta posible: Yo dibujaría un salero y un pimentero gigantescos que flotan en el aire sobre una mesa y una silla pequeñas.
6. C

Lección 18 Esculturas al aire libre Páginas 41–42

1. escultura
2. cotidianos
3. materiales
4. B 5. D 6. C 7. C

Repaso de la Unidad 3 Arte sorprendente Páginas 43–44

1. B 2. F 3. H 4. D
5. G 6. A 7. E 8. C
9. B 10. D 11. A 12. C
13. B 14. C
15. Los estudiantes deben dibujar una flecha que señale hacia la figura negra que aparece en el dibujo C.
16. A
17. azul y anaranjado; rojo y verde
18. D

19. Respuesta posible: Las obras de los ilustradores sirven para complementar una narración.
20. Las respuestas variarán. Respuestas posibles: Una escultura enorme al aire libre, como *Spoonbridge and Cherry,* sorprende al espectador porque su escala es mayor que la de un objeto real. Un cuadro surrealista como *The Elephants* sorprende porque muestra objetos reales en situaciones imposibles. Los cuadros Op Art sorprenden al espectador porque crean ilusiones ópticas: el espectador ve algo distinto de lo que realmente está en el cuadro.

Unidad 4

Lección 19 Sentimientos de armonía Páginas 45–46

1. armonía
2. colores análogos
3. tintes
4. matices
5. A
6. C
7. Los azules del cielo y del río son análogos a los verdes de los árboles y del pasto. Los rojos de los árboles, el granero, las norias y las manzanas son análogos a los anaranjados de los caminos.
8. Respuesta posible: Es más relajante mirar dos colores análogos porque combinan bien. Los colores complementarios son tan brillantes cuando se colocan uno al lado del otro, que cuesta mirarlos durante largo rato.

Lección 20 Sensación de emoción Páginas 47–48

1. C 2. A 3. B 4. D
5. A 6. B 7. C

Lección 21 En equilibrio Páginas 49–50

1. simétrico
2. asimétrico
3. móvil
4. equilibrio
5. B 6. C 7. C
8. Respuesta posible: No es simétrico porque los dos lados del cuadro no son exactamente iguales.

Lección 22 Colores en conflicto Páginas 51–52

1. tensión y conflicto
2. naturaleza
3. colores arbitrarios
4. Los dibujos de los estudiantes variarán. Deben mostrar varias figuras mezcladas.
5. Los dibujos de los estudiantes variarán. Deben mostrar el boceto de un animal con colores que no sean de la naturaleza; por ejemplo, si dibujan un oso panda, pueden escribir *rojo* sobre sus patas y *verde* en el cuerpo.
6. Los dibujos de los estudiantes variarán. Deben copiar el dibujo que hicieron en la pregunta 5, pero ponerle colores que el animal pueda tener en la realidad; por ejemplo, en el dibujo del oso panda, deberían escribir *negro* en las patas y *blanco* en el cuerpo.

Lección 23 Ritmos visuales Páginas 53–54

1. ritmo
2. patrón
3. mirada
4. Respuesta posible: Los girasoles amarillos y color café con hojas verdes están colocados en líneas diagonales sobre un fondo negro. Hay tres rayas que rodean la colcha: una roja, una blanca y una negra.
5. Respuesta posible: Es figurativo; muestra objetos que los espectadores pueden reconocer, como personas, edificios y girasoles.
6. B 7. C

Lección 24 Líneas de expresión Páginas 55–56

1. expresivo
2. expresara
3. influidas
4. expresionistas
5. Respuesta posible: En las pinturas realistas los objetos aparecen como son en la realidad, mientras que las pinturas expresionistas muestran los sentimientos que tienen los artistas sobre escenas y objetos. Las pinturas expresionistas a menudo muestran el mundo de forma distinta a como es en la realidad.
6. B 7. C 8. B

Repaso de la Unidad 4 Armonía y conflicto Páginas 57–58

1. B 2. C 3. A 4. A
5. B 6. C 7. F 8. C
9. E 10. B 11. D 12. A
13. Los dibujos variarán. Los estudiantes deben

hacer un dibujo simétrico, es decir, un dibujo que es igual a ambos lados de la línea imaginaria central.

14. Los dibujos variarán. Los estudiantes deben hacer un dibujo asimétrico, es decir, un dibujo que es distinto a cada lado de una línea imaginaria central.
15. Las respuestas variarán. Respuesta posible: Pintaría el cacto azul y la arena verde.
16. Respuesta posible: Los árboles rojos hacen contraste con el pasto verde; la luz amarilla del centro del edificio hace contraste con el techo negro.
17. Respuesta posible: tintes: cielo de color azul claro, edificios de color azul y amarillo claro; matices: arbustos y árboles verde oscuro.
18. Los dibujos variarán. Los estudiantes deben hacer un diseño en zig-zag o muchas figuras pequeñas que hagan que la mirada del espectador se mueva rápidamente y a saltos.
19. Los dibujos variarán. Los estudiantes deben hacer un dibujo no figurativo que tenga un ritmo lento.
20. Respuesta posible: Las obras de arte que expresan armonía pueden tener colores análogos, repetición de figuras y líneas, equilibrio y simetría; las obras de arte que expresan conflicto deben tener colores que hacen contraste o que son arbitrarios, diseños asimétricos y figuras mezcladas.

Unidad 5

Lección 25 Arte en los libros Páginas 59–60

1. B 2. C 3. D
4. Verdadero.
5. Falso; una página está escrita en latín, otra en hebreo y otra en persa.
6. Falso; a diferencia de lo que se hacía antes, hoy en día los libros se hacen con máquinas.
7. Falso; las pinturas y los adornos de estas páginas añaden sentido y belleza a las palabras.
8. Respuesta posible: Los artistas que hicieron libros a mano los decoraron para añadir belleza y sentido a las palabras.

Lección 26 ¿Es la fotografía un arte? Páginas 61–62

1. B 2. D 3. A 4. C
5. Respuesta posible: claro, no borroso, con detalles
6. Respuesta posible: Tanto las fotografías como los cuadros expresan sentimientos e historias, y ambos pueden mostrar escenas de la vida real. Se diferencian en que las fotografías pueden retratar de forma más precisa los objetos y las personas. Además, las fotos se hacen con una cámara, mientras que los pintores pintan a mano.
7. Respuesta posible: La fotógrafa parece respetar la cultura y la persona de la fotografía.
8. Respuesta posible: Hay un contraste entre las partes blancas de la pared y las partes oscuras; en la cara del hombre; en la textura del traje; entre las medias blancas y los zapatos oscuros.
9. Respuesta posible: El centro de interés es la cabeza del hombre, el sombrero y la flauta.
10. Respuesta posible: Ella eligió la ropa que lleva el hombre; lo puso con un determinado fondo y en una cierta postura; es posible que eligiera una iluminación para crear sombras y contraste.

Lección 27 Esculturas en el tiempo Páginas 63–64

1. D 2. A 3. C 4. B
5. Falso; los escultores usaron el metal mucho después que la piedra y la arcilla.
6. Falso; la piedra y la arcilla son materiales naturales.
7. Verdadero.
8. Falso; sólo la escultura moderna está hecha con materiales sintéticos.
9. Respuesta posible: La vasija de*Whistling Jar* está hecha de un material natural: la arcilla. Las torres de *Watts Towers* están hechas principalmente de materiales sintéticos como metal, azulejos y cristal.

Lección 28 Los dibujos animados Páginas 65–66

1. película de dibujos animados
2. fotogramas
3. ilusión
4. animación
5. B 6. A
7. Respuesta posible: En la década de 1940, cada fotograma se pintaba a mano. Hoy en día los fotogramas se crean con una computadora.
8. Respuesta posible: Todavía se necesitan miles y miles de fotogramas para hacer una película.
9. Las respuestas variarán. Los estudiantes deben dar razones de su elección.

Lección 29 Construcciones de piedra Páginas 67–68

1. agujas
2. minaretes
3. arcos
4. A 5. B 6. D
7. C 8. A
9. Respuesta posible: Los dos son edificios de piedra muy grandes con entradas en arco y torres. Los dos son muy hermosos e impresionantes. Los dos reflejan los valores culturales de las personas que los construyeron.

Lección 30 Arquitectura poco común Páginas 69–70

1. B 2. C 3. D 4. A
5. Piensan que los edificios modernos son demasiado diferentes de los otros edificios más antiguos.
6. B 7. C 8. B 9. C

Unidad 5 Repaso Nuevas formas de crear Páginas 71–72

1. B 2. D 3. D
4. B 5. A 6. C
7. E 8. C 9. A
10. F 11. B 12. D
13. Los estudiantes deben dibujar un arco.
14. Los estudiantes deben dibujar una pirámide.
15. Respuestas posibles: La mayoría de los metales, el yeso, el plástico, la goma y muchos tipos de tejidos son sintéticos.
16. La cara del hombre es el centro de interés.
17. El artista decoró la vasija con un animal (un jaguar) hecho de arcilla y pintado.
18. Los dibujos variarán. Los estudiantes deben dibujar un edificio con torres altas y delgadas y con puntas un poco redondeadas (minaretes).
19. Los estudiantes deben dibujar un edificio sencillo con torres acabadas en punta (agujas).
20. Respuestas posibles (tres cualquiera de las siguientes): cerámica, estatuas y otros tipos de esculturas, mosaicos, carteles, *assemblages,* collages, móviles, libros decorados (páginas iluminadas), fotografías, películas animadas y edificios

Unidad 6

Lección 31 Historias en la pared Páginas 73–74

1. La cultura
2. Un mural
3. El tema
4. A 5. B 6. A 7. B
8. Respuesta posible: Mostró a mucha gente en movimiento. Pintó la cinta mecánica atravesando la escena. Usó colores y figuras repetidas para mostrar movimiento.

Lección 32 Siglos de cerámica Páginas 75–76

1. B 2. C 3. D 4. A
5. Falso: la cerámica es un arte antiguo.
6. Verdadero.
7. Falso; se usa para "pegar" trozos de arcilla.
8. Falso: lo opuesto es verdadero: el jarrón inglés, que sólo tiene 140 años, está hecho en el estilo que los ceramistas ingleses desarrollaron, en parte, observando cerámicas chinas antiguas.
9. Respuesta posible: La Lección 32 trata sobre la idea de que las técnicas de cerámica son parte del legado cultural de un pueblo. También explica que los artistas algunas veces toman prestadas técnicas de otras culturas y luego las cambian de manera que refleje su propio legado cultural.

Lección 33 Un arte eterno Páginas 77–78

1. tejida
2. tejedora
3. tejer
4. el proceso mediante el cual se convierte el hilo o el estambre en tela
5. Las respuestas variarán. Respuestas posibles (dos cualquiera de las siguientes): escultura, la pintura, la cerámica, la arquitectura, hacer mosaicos, hacer libros y la ilustración
6. Respuesta posible: Los jóvenes aprenden de los tejedores más ancianos las técnicas tradicionales y los colores y los diseños que se usan en los tejidos de su cultura.
7. Las respuestas variarán: Los estudiantes pueden incluir en sus listas ropa, alfombras, colchas, tapices y otros objetos que haya en el salón de clases.

8. Las respuestas variarán: Los estudiantes pueden citar: cocinar platos tradicionales, coser, tejer con agujas o con telar, artesanía y música.

Lección 34 Arte de retazos Páginas 79–80

1. técnicas
2. colchas de retazos
3. artesanía de retazos
4. diseños
5. porque las colchas eran caras y difíciles de hallar
6. se cosen trozos de telas formando un diseño
7. Hacían reuniones donde se juntaban muchas mujeres a hacer colchas y se ayudaban unas a otras.
8. Las colchas y los collages combinan distintos materiales y diseños en una misma obra de arte.
9. Sí. Hoy en día se hacen como obras de arte, no sólo como colchas que se usan.

Lección 35 Arte para lucir Páginas 81–82

1. C 2. D 3. A 4. B
5. C 6. C 7. B 8. A
9. Las respuestas variarán: Acepte tres de las siguientes: conchas, turquesa, oro, esmeraldas, diamantes, rubíes, gemas, nácar, piedras, plata o cualquier otra materia prima que se pueda usar en la joyería.

Lección 36 Caras del arte folklórico Páginas 83–84

1. tradición
2. habilidad
3. artistas populares
4. los ancianos
5. Respuesta posible: Es el dibujo o la escultura de una cara que alguien se pone para cubrir su propia cara.
6. Las máscaras se usan para representar los personajes de los cuentos, la gente importante o los personajes de una obra de teatro.
7. Muchos artistas populares aprenden su arte de los ancianos.
8. Respuestas posibles: La cerámica, los tejidos y las colchas de retazos son artes folklóricos.
9. Las respuestas variarán.

Repaso de la Unidad 6 Herencia y cambio Páginas 85–86

1. ornamentación
2. artistas populares
3. colchas de retazos
4. murales
5. barbotina
6. A 7. C 8. C
9. D 10. B
11. Los dibujos variarán. Los estudiantes deben dibujar una máscara.
12. Los dibujos variarán. Los estudiantes deben dibujar una colcha de retazos.
13. Respuestas posibles (acepte dos de las siguientes): hacer cerámica, tejer, hacer colchas de retazos, hacer máscaras
14. Respuesta posible: En común: Ambos tienen que ver con los tejidos. Diferencia: Tejer es el proceso de hacer un tejido; cuando se hacen colchas de retazos se cosen trozos de tela para hacer una colcha o como obra de arte.
15. Respuesta posible: la cerámica, tejer y hacer colchas son útiles en la vida diaria. Los estudiantes deben explicar por qué es útil cada una.
16. Un artista popular aprende su habilidad de los ancianos.
17. Respuestas posibles: Un mural puede mostrar quién vive en una comunidad; puede mostrar las contribuciones de la gente, un estilo de vida, o costumbres. Por ejemplo: el mural de Diego Rivera en Detroit muestra el trabajo en una fábrica de automóviles.
18. Respuesta posible: En la antigüedad las joyas se llevaban como un signo de poder y riqueza. Hoy día las joyas se pueden poner por diversión, para impresionar a la gente, porque son hermosas, o para simbolizar un matrimonio o una institución.
19. Respuesta posible: No. Los ceramistas a veces toman prestado métodos de otras culturas; sin embargo, suelen introducir cambios en estas técnicas.
20. Las respuestas variarán.

Student ______________________________ Date ______________
Evaluator ______________________________

Rubric for Expressive Writing

The score of this composition is ______________.
The composition has all or most of the characteristics listed in the chart below.

Score	Description
4 (high)	• The response is consistent and organized, giving the reader a sense of order and completeness. It tells a story from beginning to end, with a clear sense of time and place, by presenting and then resolving a problem. Any minor organizational inconsistencies are offset by the overall quality of the response. • The response includes clear, relevant, well-explained descriptions and rich, elaborated details that help the reader visualize story events. It contains a variety of sentence constructions and vivid words and phrases. • The response shows excellent control of language. Most conventions of spelling, grammar, usage, and punctuation are followed.
3	• The response is a good attempt to tell a story in a logical, sequential order. The reader can clearly understand the story problem and subsequent events. • The response presents descriptions and details that are moderately elaborated. • The response shows good control of language, although some errors in spelling, grammar, usage, and punctuation may occur.
2	• The response is a minimally successful attempt to tell a story in a logical way. It contains few elaborated descriptions or details, and may present a problem without resolving it. • The response is not consistently organized, and may be repetitive or lack a clear sequence of events. • The response shows limited control of language, and may include awkward constructions or errors in spelling, grammar, usage, and punctuation that make the writing slightly confusing.
1	• The response does not attempt to tell a story in a logical way, or it begins to do so but then drifts to other purposes or topics. It presents very few specific descriptions or details, and it does not elaborate on them. • The response causes the reader confusion because it contains incomplete or illogical thoughts, or does not show the order of events or how they are connected. • The response shows a lack of control of language, with errors in spelling, grammar, usage, or punctuation that make the writing difficult to understand.

Additional Comments: ____

Student ______________________________ Date ____________

Evaluator ______________________________

Rubric for Persuasive Writing

The score of this composition is ____________.
The composition has all or most of the characteristics listed in the chart below.

Score	Description
4 (high)	• The response is consistent and organized, giving the reader a sense of order and completeness. It presents an opinion in a logical way and provides well-elaborated, convincing reasons that support the opinion. Any minor organizational problems are offset by the overall quality of the response. • The response includes clear, relevant, well-explained ideas and opinions. It contains a variety of sentence constructions and vivid words and phrases. • The response shows excellent control of language. Most conventions of spelling, grammar, usage, and punctuation are followed.
3	• The response is a good attempt to present an opinion and support it in a logical way. The reader can clearly understand what the writer is trying to communicate. • The response presents reasons that are moderately or somewhat elaborated. • The response shows good control of language, although some errors in spelling, grammar, usage, and punctuation may occur.
2	• The response is a minimally successful attempt to present an opinion and support it in a logical way. It contains few relevant and convincing reasons and only minimally elaborates on them. • The response is not consistently organized, and may be repetitive or lack a clear order. • The response shows limited control of language, and may include awkward constructions or errors in spelling, grammar, usage, and punctuation that make the writing slightly confusing.
1	• The response does not attempt to present an opinion and support it in a logical way, or it begins to do so but then drifts to other purposes or topics. It presents very few specific reasons, and it does not elaborate on those reasons. • The response causes the reader confusion because it contains incomplete or illogical thoughts or does not show how ideas are connected. • The response shows a lack of control of language, with errors in spelling, grammar, usage, or punctuation that make the writing difficult to understand.

Additional Comments: ______________________________

Student ______________________________ Date ______________
Evaluator ______________________________

Rubric for Informative Writing

The score of this composition is ______________.
The composition has all or most of the characteristics listed in the chart below.

Score	Description
4 (high)	• The response is consistent and organized, giving the reader a sense of order and completeness. It gives information in a logical way about ideas, people, places, steps, things, or events. Any minor organizational problems are offset by the overall quality of the response. • The response includes clear, relevant, well-explained ideas and rich, elaborated details. It contains a variety of sentence constructions and vivid words and phrases. • The response shows excellent control of language. Most conventions of spelling, grammar, usage, and punctuation are followed.
3	• The response is a good attempt to give information in a logical way about ideas, people, places, steps, things, or events. The reader can clearly understand what the writer is trying to communicate. • The response presents ideas that are moderately or somewhat elaborated. • The response shows good control of language, although some errors in spelling, grammar, usage, and punctuation may occur.
2	• The response is a minimally successful attempt to give information in a logical way about ideas, people, places, steps, things, or events. It presents few elaborated ideas, or it presents only one side of an issue. • The response is not consistently organized, and may be repetitive or lack a clear order. • The response shows limited control of language, and may include awkward constructions or errors in spelling, grammar, usage, and punctuation that make the writing slightly confusing.
1	• The response does not attempt to give information in a logical way about ideas, people, places, steps, things, or events, or it begins to do so but then drifts to other purposes or topics. It presents very few specific ideas, and it does not elaborate on those ideas. • The response causes the reader confusion because it contains incomplete or illogical thoughts or does not show how ideas are connected. • The response shows a lack of control of language, with errors in spelling, grammar, usage, or punctuation that make the writing difficult to understand.

Additional Comments: ____

____

____

Student ________________________________ Date ______________

Evaluator ________________________________

Rubric for Descriptive Writing

The score of this composition is ______________.
The composition has all or most of the characteristics listed in the chart below.

Score	Description
4 (high)	• The response is consistent and organized, giving the reader a sense of order and completeness. It presents a description of people, places, things, or events in a logical way. Any minor organizational problems are offset by the overall quality of the response. • The response includes a clear topic sentence identifying what is being described, along with rich, elaborated details that appeal to the senses. It contains a variety of sentence constructions and vivid words and phrases. • The response shows excellent control of language. Most conventions of spelling, grammar, usage, and punctuation are followed.
3	• The response is a good attempt to present a description of people, places, things, or events in a logical way. The reader can clearly understand what the writer is trying to communicate. • The response includes a topic sentence along with details that appeal to the senses and are somewhat elaborated. • The response shows good control of language, although some errors in spelling, grammar, usage, and punctuation may occur.
2	• The response is a minimally successful attempt to present a description of people, places, things, or events in a logical way. • The response includes a topic sentence, but is not consistently organized, and may be repetitive. It contains few elaborated details. • The response shows limited control of language, and may include awkward constructions or errors in spelling, grammar, usage, and punctuation that make the writing slightly confusing.
1	• The response does not attempt to present a description of people, places, things, or events, or it begins to do so but then drifts to other purposes or topics. • The response lacks a topic sentence and causes the reader confusion because it contains incomplete or illogical thoughts or does not include details. • The response shows a lack of control of language, with errors in spelling, grammar, usage, or punctuation that make the writing difficult to understand.

Additional Comments: ____

____

____

Student ______________________________ Date ______________
Evaluator ______________________________

Rubric for Everyday Writing

The score of this composition is ______________.
The composition has all or most of the characteristics listed in the chart below.

Score	Description
4 (high)	• The response is consistent and organized, giving the reader a sense of order and completeness. It expresses feelings or gives information in a logical way about ideas, people, things, or events. Any minor organizational problems are offset by the overall quality of the response. • The response includes clear, relevant, well-explained opinions or ideas and rich, elaborated details. It contains a variety of sentence constructions and vivid words and phrases. Letters include a heading, greeting, body, closing, and signature. • The response shows excellent control of language. Most conventions of spelling, grammar, usage, and punctuation are followed.
3	• The response is a good attempt to express feelings or give information about a topic in a logical way. The reader can clearly understand what the writer is trying to communicate. • The response presents opinions or ideas that are moderately elaborated. Letters include a heading, greeting, body, closing, and signature. • The response shows good control of language, although some errors in spelling, grammar, usage, and punctuation may occur.
2	• The response is a minimally successful attempt to express feelings or give information about a topic. It presents few elaborated opinions or ideas. • The response is not consistently organized, and may lack a clear order. Letters are missing one or more of the five parts: heading, greeting, body, closing, signature. • The response shows limited control of language, and may include awkward constructions or errors in spelling, grammar, usage, and punctuation that make the writing slightly confusing.
1	• The response does not attempt to express feelings or give information in a logical way about a topic, or it begins to do so but then drifts to other purposes or topics. It presents very few opinions or ideas. • The response causes the reader confusion because it contains incomplete or illogical opinions, is not consistently organized, or does not show how ideas are connected. Letters do not reflect an understanding of correct letter form. • The response shows a lack of control of language, with errors in spelling, grammar, usage, or punctuation that make the writing difficult to understand.

Additional Comments: ____

____

Estudiante ______________________________ Fecha ______________

Autoevaluación

Escritura expresiva

Lee las siguientes preguntas y respóndelas marcando una de las casillas de la derecha.

	Sí, lo hice bien.	**No, necesito mejorar.**
¿Contaste un cuento sobre el tema que te preguntaban?		
¿Tenía tu cuento un principio y un final claro?		
¿Es el cuento claro y completo?		
¿Diste suficientes detalles?		
¿Contaste los hechos del cuento en el orden correcto?		
¿Tuviste en cuenta tu propósito y la audiencia?		
¿Usaste varios tipos de oraciones?		
¿Usaste palabras y frases interesantes?		
¿Leíste el texto para corregir los errores de gramática y ortografía?		

¿Le mostraste tu redacción a otra persona? __________ Si lo hiciste, ¿te sirvieron de ayuda sus comentarios? ______________________________

____

____

¿Qué es lo que más te gusta sobre el cuento que escribiste? ______________________________

____

____

¿Qué harías de otra manera si escribieras otro cuento? ______________________________

____

____

Estudiante ______________________________________ Fecha ________________

Autoevaluación

Escritura persuasiva

Lee las siguientes preguntas y respóndelas marcando una de las casillas de la derecha.

	Sí, lo hice bien.	**No, necesito mejorar.**
¿Diste tu opinión sobre un tema?		
¿Diste razones que respaldaran tu opinión?		
¿Son tus razones claras, completas y convincentes?		
¿Diste suficientes detalles o ejemplos?		
¿Te mantuviste dentro del tema?		
¿Tuviste en cuenta el propósito y la audiencia?		
¿Usaste varios tipos de oraciones?		
¿Usaste palabras y frases interesantes?		
¿Leíste el texto para corregir los errores de gramática y ortografía?		

¿Le mostraste tu redacción a otra persona? __________ Si lo hiciste, ¿te sirvieron de ayuda sus comentarios? ______________________________

____

____

¿Crees que defendiste bien tu opinión? Explica por qué. ______________________________

____

____

¿Qué podrías hacer mejor de ahora en adelante? ______________________________

____

____

Estudiante ______________________________ Fecha ______________

Autoevaluación

Escritura informativa

Lee las siguientes preguntas y respóndelas marcando una de las casillas de la derecha.

	Sí, lo hice bien.	No, necesito mejorar.
¿Diste la información que te pedían que dieras?		
¿Presentaste la información de manera organizada?		
¿Es la información clara y completa?		
¿Diste suficientes detalles y ejemplos?		
¿Te mantuviste dentro del tema?		
¿Tuviste en cuenta el propósito y la audiencia?		
¿Usaste varios tipos de oraciones?		
¿Usaste palabras y frases interesantes?		
¿Leíste el texto para corregir los errores de gramática y ortografía?		

¿Le mostraste tu redacción a otra persona? __________ Si lo hiciste, ¿te sirvieron de ayuda sus comentarios? ______________________________

____

____

¿Qué es lo que más te gusta sobre tu redacción? ______________________________

____

____

¿Qué puedes hacer mejor de ahora en adelante? ______________________________

____

____

Estudiante ______________________ Fecha ______________

Autoevaluación

Escritura descriptiva

Lee las siguientes preguntas y respóndelas marcando una de las casillas de la derecha.

	Sí, lo hice bien.	No, necesito mejorar.
¿Hiciste la descripción que te pedían?		
¿Presentaste la descripción de forma organizada?		
¿Es la descripción clara y completa?		
¿Diste detalles sobre sonidos, olores, gustos y sensaciones?		
¿Escribiste una oración que explicaba lo que estabas describiendo?		
¿Te mantuviste dentro del tema?		
¿Tuviste en cuenta el propósito y la audiencia?		
¿Usaste varios tipos de oraciones?		
¿Usaste palabras y frases interesantes?		
¿Leíste el texto para corregir los errores de gramática y ortografía?		

¿Le mostraste tu redacción a otra persona? __________ Si lo hiciste, ¿te sirvieron de ayuda sus comentarios? ______________________________

____

____

¿Qué es lo que más te gusta sobre tu redacción? ______________________________

____

____

¿Qué puedes hacer para que tus descripciones sean mejores de ahora en adelante? ______________

____

Estudiante ________________________________ Fecha ______________

Autoevaluación

Escritura informal

Lee las siguientes preguntas y respóndelas marcando una de las casillas de la derecha.

	Sí, lo hice bien.	No, necesito mejorar.
¿Diste información o expresaste tus sentimientos sobre el tema?		
¿Presentaste la información y tus sentimientos de forma organizada?		
¿Es la información clara y completa?		
¿Te mantuviste dentro del tema?		
Si escribiste una carta, ¿incluiste las cinco partes?		
¿Tuviste en cuenta el propósito y la audiencia?		
¿Usaste varios tipos de oraciones?		
¿Usaste palabras y frases interesantes?		
¿Leíste el texto para corregir los errores de gramática y ortografía?		

¿Le mostraste tu redacción a otra persona? __________ Si lo hiciste, ¿te sirvieron de ayuda sus comentarios? ______________________________

____

____

¿Qué es lo que más te gusta sobre tu redacción? ______________________________

____

____

¿Qué podrías hacer mejor de ahora en adelante? ______________________________

____

Student's Name ______________________ Grade __________

Teacher's Name ______________________ Date __________

Perception

Essential Knowledge and Skills The student:	Not Observed	Emerging	Proficient	Notes
Recognizes that art develops and organizes ideas from the environment				
Understands that art can communicate ideas about feelings, self, family, school, and community				
Uses sensory knowledge and life experiences to understand artworks				
Identifies in artworks basic art elements such as color, texture, form, line, space, and value				
Understands the use of design principles such as emphasis, pattern, rhythm, balance, proportion, and unity				
Analyzes media, processes, and techniques in art				
Identifies moods, meanings, and themes in art				
Uses art vocabulary in discussions				

Creative Expression/Performance

Essential Knowledge and Skills The student:	Not Observed	Emerging	Proficient	Notes
Combines information from direct observation, experience, and imagination to express ideas about self, family, and community				
Compares relationships between design and everyday life				
Creates original artworks and explores photographic imagery using a variety of art materials and media appropriately				
Applies art elements (line, shape, color, space, value, texture, form) in artwork using a variety of art tools, materials, and techniques				
Applies design principles, or formal structure, (balance, movement, emphasis, pattern/repetition, proportion, rhythm, unity, variety) in artwork using a variety of art tools, materials, and techniques				
Displays a variety of expressive qualities or moods, meanings, symbols, and themes in artworks				
Uses imagination, creative thinking, and problem-solving skills when creating original art				
Uses various media, techniques, tools, materials, and processes to communicate and express ideas, experiences, stories, feelings, and values				
Relates visual arts to theater, music, and dance				
Follows directions and art safety rules and procedures				

Student's Name ________________________________ Grade __________

Teacher's Name ____________________________ Date ________________

Historical/Cultural Heritage

Essential Knowledge and Skills The student:	Not Observed	Emerging	Proficient	Notes
Compares artworks from several national periods, identifying similarities and differences				
Compares cultural themes honoring history and traditions in American and other artworks				
Identifies the use of art skills in a variety of jobs				
Recognizes art as a visual record of humankind				
Recognizes that media, tools, materials, and processes available to artists have changed through history				
Understands that art reflects values, beliefs, expressions, or experiences in a cultural context				
Identifies the characteristics of art from other cultures, and values the images, symbols, and themes distinguishing a specific culture				
Acknowledges and appreciates the artistic contributions of various groups in our culture				
Identifies and discusses artworks of a particular artist				
Recognizes various artistic styles				

Response/Evaluation

Essential Knowledge and Skills The student:	Not Observed	Emerging	Proficient	Notes
Analyzes personal artworks to interpret meaning				
Analyzes original artworks, portfolios, and exhibitions by peers and others to form conclusions about properties				
Views and responds meaningfully to original art and art reproductions				
Recognizes characteristics that make artworks similar and different				
Distinguishes characteristics of style in art				
Responds to evidence of skill and craftsmanship found in art				
Respects the differences in others' responses to and perceptions of art				
Understands the difference between judging a work and expressing a personal preference				
Uses art vocabulary appropriately in response and evaluation				

Nombre del estudiante ______________________________ Grado __________

Nombre del maestro ______________________________ Fecha __________

Evaluación del portafolio

Contenido de mi portafolio: ______________________________

____

____

Elegí esas obras de arte porque ______________________________

____

____

Marca las siguientes casillas cuando hayas completado tu portafolio.

Cosas para revisar **Notas**

- ☐ Mi portafolio contiene todos los trabajos requeridos.
- ☐ Mis trabajos están bien organizados.
- ☐ Mis obras de arte son imaginativas y originales.
- ☐ Trabajé con medios y materiales diversos.

Las próximas obras de arte que me gustaría hacer son ______________________________

____

____

Si quiero mejorar mi trabajo en el futuro tendré que ______________________________

____

____

Nombre del estudiante ______________________ Grado __________

Nombre del maestro ______________________ Fecha __________

Evaluación de corrección de estilo y ortográfica

Revisión

- ☐ ¿Elegí un estilo de escritura adecuado para el tema?
- ☐ ¿Expresé con claridad la idea principal?
- ☐ ¿Empleé un lenguaje ágil y descriptivo?
- ☐ ¿Incluí distintos tipos de oraciones?
- ☐ ¿Están relacionados todos los detalles con la idea principal?
- ☐ ¿Están los detalles organizados de un modo claro para el lector?

Corrección

- ☐ ¿Empleé bien cada parte de la oración?
- ☐ ¿Hay concordancia entre las partes de las oraciones?
- ☐ ¿Escribí oraciones cortas con una idea clara?
- ☐ ¿Usé correctamente las letras mayúsculas?
- ☐ ¿Empleé bien lo signos de puntuación?
- ☐ ¿Escribí sin faltas de ortografía?
- ☐ ¿Escribí con letra clara?

Student's Name ______________________ Grade __________

Date ______________

Teacher's Report on Production Activities

Type of artwork ______________________________

____

____

Description of content ______________________________

____

____

Strengths ______________________________

____

____

Weaknesses ______________________________

____

____

Suggestions for future improvement ______________________________

____

____

Student's Name ________________ Grade ________

Teacher's Name ________________ Date ________

Review of Portfolio Contents

KEY 1=Limited 2=Below expectation 3=Average 4=Above expectation 5=Outstanding

Assessment	1	2	3	4	5	Teacher's Comments
Shows good planning						
Creates artwork that meets the assignment requirements						
Exhibits a growing sense of art technique and terminology						
Is developing a personal artistic style						
Creates imaginative and original artwork						
Expresses clear ideas, feelings, or thoughts						
Combines varied types of media and materials to communicate ideas						
Produces two- and three-dimensional artwork						
Expresses pride in his/her finished products						
Demonstrates improved technical knowledge and skills						

What suggestions can I give this student for the next assignment?

	For This Review					Since Last Review		
Overall Assessment Summary	1	2	3	4	5	Improving	About the Same	Seems Poorer
Amount of artwork								
Attitude toward artwork								
Quality of artwork								

Nombre ____

Inventario personal

Contemplar arte

¿Qué es en lo que más te fijas cuando miras una obra de arte? ____________________

____

____

¿Cuál es tu tipo de arte preferido? ____________________

____

____

¿Quién es tu artista preferido? ¿Por qué? ____________________

____

____

¿Qué obra de arte te gustaría mostrar a tu familia? ¿Por qué? ____________________

____

____

¿Qué cualidades crees que hay que tener para ser un buen artista? ____________________

____

____

¿En qué lugares de tu vida cotidiana ves arte? ____________________

____

____

Nombre ______________________________

Inventario personal

Crear arte

Antes de empezar a trabajar, ¿cómo decides qué vas a crear? ______________________________

____

¿Cuáles son los materiales que más te gusta usar? ______________________________

____

De todas tus obras de arte, ¿cuál es la que más te gusta? ¿Por qué? ______________________________

____

¿Qué otro tipo de obra de arte te gustaría hacer? ______________________________

____

¿Qué tipo de arte te gustaría aprender a hacer mejor? ______________________________

____

Marca todos los medios artísticos que te gustaría practicar

○ Dibujo ○ Pintura ○ Tejidos ○ Escultura

○ Fotografía ○ Construcción de maquetas ○ Joyería

Marca todos los materiales que te gustaría usar

○ Acuarelas ○ Pinturas al temple ○ Lápices ○ Marcadores

○ Pastel ○ Arcilla ○ Fibras para tejer ○ Alambre

○ Otro ______________________________

Word Cards

Pages 113–142 contain Word Card blackline masters that can be used to help students learn and review important art vocabulary. Words and terms identified in the lesson assessments and unit reviews are arranged by unit. These are followed by other important vocabulary from the *Art Express Pupil Edition* Glossary and templates for blank cards your students can use to make their own word cards.

Here are some suggestions for using the Word Cards:

- Distribute the Word Cards for words that appear in a lesson assessment. Before the test, pairs of students can work together to review their understanding of the words on the cards.
- Use the Word Cards as a springboard to review unit concepts. You might have students choose a card and either find or create an example for the word on it.
- Provide Spanish-speaking students with the Spanish and English versions of the Word Cards for a unit. Have English-speaking students work with them, helping them locate in the *Pupil Edition* an example for the word and reinforcing the English pronunciation of the word.
- Have students add the art vocabulary words to existing Reading/Language Arts Word Banks. Students can then use these words in any writing they do.
- Ask students to sort the Word Cards into categories. Allow students to come up with their own categories for sorting the words, and then have them explain why they chose those categories.
- Use the Word Cards to label types of art on bulletin-board displays.
- Work with students to attach to the various *Art Prints* appropriate Word Cards that identify art concepts found in the prints.

orgánico unidad 1, lección 1	**geométrico** unidad 1, lección 1	**textura** unidad 1, lección 1
bidimensional unidad 1, lección 2	**figura tridimensional** unidad 1, lección 2	**sombreado** unidad 1, lección 2
toque de luz unidad 1, lección 2	**valor** unidad 1, lección 2	**fondo** unidad 1, lección 3
primer plano unidad 1, lección 3	**plano intermedio** unidad 1, lección 3	**perspectiva atmosférica** unidad 1, lección 3

texture unit 1, lesson 1	**geometric** unit 1, lesson 1	**organic** unit 1, lesson 1
hatching unit 1, lesson 2	**three-dimensional form** unit 1, lesson 2	**two-dimensional** unit 1, lesson 2
background unit 1, lesson 3	**value** unit 1, lesson 2	**highlighting** unit 1, lesson 2
atmospheric perspective unit 1, lesson 3	**middle ground** unit 1, lesson 3	**foreground** unit 1, lesson 3

traslapa unidad 1, lección 3	**punto de fuga** unidad 1, lección 4	**perspectiva lineal** unidad 1, lección 4
impresionistas unidad 1, lección 5	**pinceladas** unidad 1, lección 5	**simetría horizontal** unidad 1, lección 5
esculturas unidad 1, lección 6	**diagonal** unidad 1, lección 6	**retrato** unidad 2, lección 7
pose unidad 2, lección 7	**símbolos** unidad 2, lección 7	**énfasis** unidad 2, lección 7

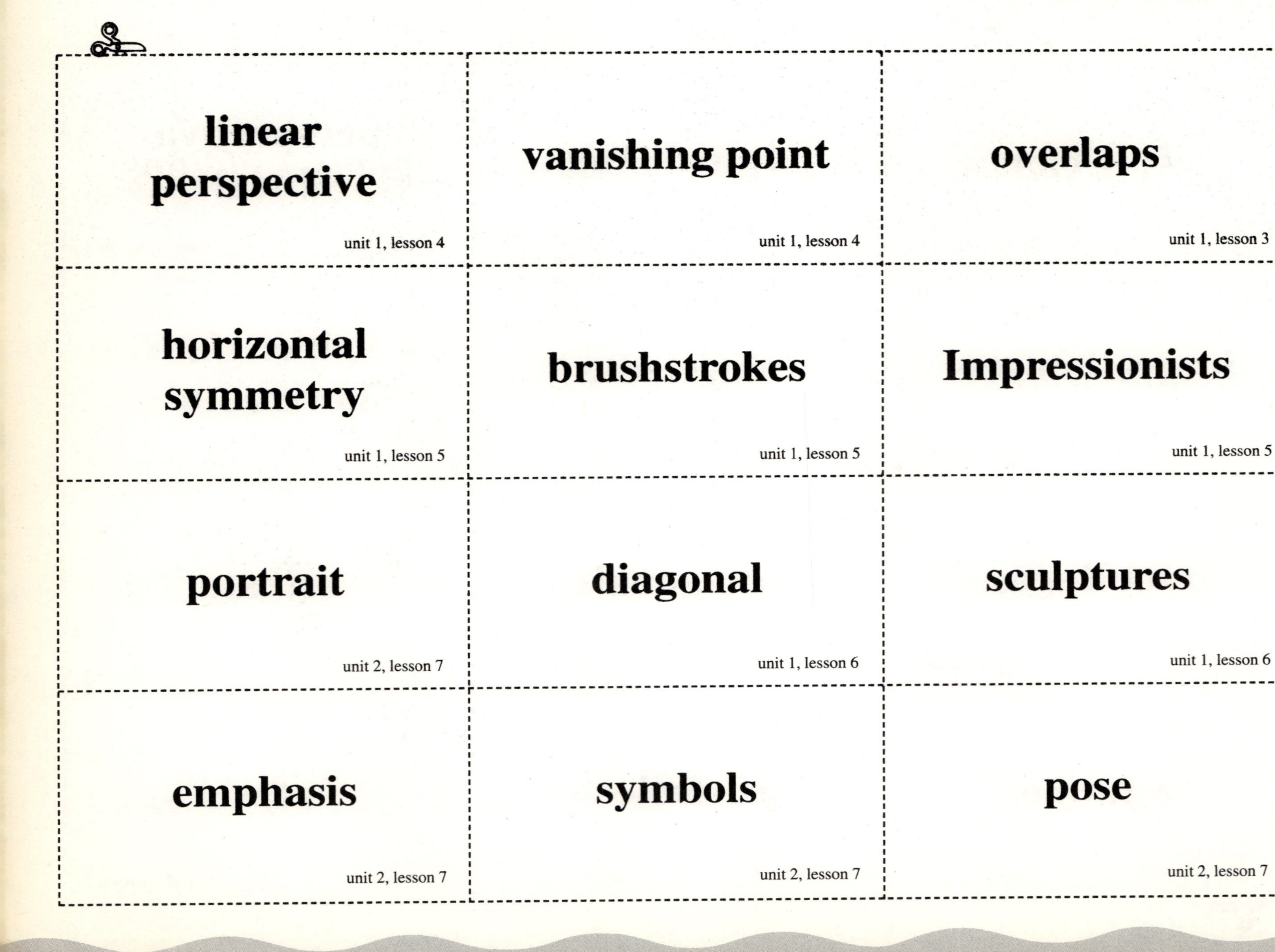

linear perspective unit 1, lesson 4	**vanishing point** unit 1, lesson 4	**overlaps** unit 1, lesson 3
horizontal symmetry unit 1, lesson 5	**brushstrokes** unit 1, lesson 5	**Impressionists** unit 1, lesson 5
portrait unit 2, lesson 7	**diagonal** unit 1, lesson 6	**sculptures** unit 1, lesson 6
emphasis unit 2, lesson 7	**symbols** unit 2, lesson 7	**pose** unit 2, lesson 7

proporciones unidad 2, lección 7	**estado de ánimo** unidad 2, lección 8	**colores cálidos** unidad 2, lección 8
colores fríos unidad 2, lección 8	**mosaicos** unidad 2, lección 9	**tesela** unidad 2, lección 9
abstracto unidad 2, lección 9	**no figurativo** unidad 2, lección 9	**escala** unidad 2, lección 10
estatuas unidad 2, lección 10	**escorzado** unidad 2, lección 11	**tipo** unidad 2, lección 11

warm colors unit 2, lesson 8	**mood** unit 2, lesson 8	**proportions** unit 2, lesson 7
tesserae unit 2, lesson 9	**mosaics** unit 2, lesson 9	**cool colors** unit 2, lesson 8
scale unit 2, lesson 10	**nonrepresentational** unit 2, lesson 9	**abstract** unit 2, lesson 9
type unit 2, lesson 11	**foreshortened** unit 2, lesson 11	**statues** unit 2, lesson 10

Pop Art unidad 2, lección 12	**empaste** unidad 2, lección 12	**unidad** unidad 2, lección 12
variedad unidad 2, lección 12	**espacio positivo** unidad 3, lección 13	**espacio negativo** unidad 3, lección 13
collage unidad 3, lección 13	**ilusión óptica** unidad 3, lección 14	**Op Art** unidad 3, lección 14
colores complementarios unidad 3, lección 14	**assemblage** unidad 3, lección 16	**surrealismo** unidad 3, lección 17

unity unit 2, lesson 12	**impasto** unit 2, lesson 12	**Pop Art** unit 2, lesson 12
negative space unit 3, lesson 13	**positive space** unit 3, lesson 13	**variety** unit 2, lesson 12
Op Art unit 3, lesson 14	**optical illusion** unit 3, lesson 14	**collage** unit 3, lesson 13
Surrealism unit 3, lesson 17	**assemblage** unit 3, lesson 16	**complementary colors** unit 3, lesson 14

armonía unidad 4, lección 19	**colores análogos** unidad 4, lección 19	**tintes** unidad 4, lección 19
matices unidad 4, lección 19	**contraste** unidad 4, lección 20	**simétrico** unidad 4, lección 21
equilibrio unidad 4, lección 21	**móvil** unidad 4, lección 21	**asimétrico** unidad 4, lección 21
colores arbitrarios unidad 4, lección 22	**ritmo** unidad 4, lección 23	**patrón** unidad 4, lección 23

tints unit 4, lesson 19	**analogous colors** unit 4, lesson 19	**harmony** unit 4, lesson 19
symmetrical unit 4, lesson 21	**contrast** unit 4, lesson 20	**shades** unit 4, lesson 19
asymmetrical unit 4, lesson 21	**mobile** unit 4, lesson 21	**balance** unit 4, lesson 21
pattern unit 4, lesson 23	**rhythm** unit 4, lesson 23	**arbitrary colors** unit 4, lesson 22

expresivo unidad 4, lección 24	**expresionistas** unidad 4, lección 24	**páginas iluminadas** unidad 5, lección 25
centro de interés unidad 5, lección 26	**marco** unidad 5, lección 26	**foco** unidad 5, lección 26
sintético unidad 5, lección 27	**animación** unidad 5, lección 28	**fotogramas** unidad 5, lección 28
arco unidad 5, lección 29	**agujas** unidad 5, lección 29	**minaretes** unidad 5, lección 29

illuminated pages unit 5, lesson 25	**Expressionists** unit 4, lesson 24	**expressive** unit 4, lesson 24
focus unit 5, lesson 26	**frame** unit 5, lesson 26	**center of interest** unit 5, lesson 26
frames unit 5, lesson 28	**animation** unit 5, lesson 28	**synthetic** unit 5, lesson 27
minarets unit 5, lesson 29	**spires** unit 5, lesson 29	**arch** unit 5, lesson 29

murales

unidad 6, lección 31

tema

unidad 6, lección 31

barbotina

unidad 6, lección 32

porcelana

unidad 6, lección 32

tallado

unidad 6, lección 32

tejer

unidad 6, lección 33

colchas

unidad 6, lección 34

ornamentación

unidad 6, lección 35

artistas populares

unidad 6, lección 36

slip unit 6, lesson 32	**theme** unit 6, lesson 31	**murals** unit 6, lesson 31
weaving unit 6, lesson 33	**incised** unit 6, lesson 32	**porcelain** unit 6, lesson 32
folk artists unit 6, lesson 36	**ornamentation** unit 6, lesson 35	**quilts** unit 6, lesson 34

avanzar	vista de la ciudad	color
composición	sombreado	daguerrotipo
detalle	libreta de hojear	forma
horizonte	ilusiones	tallar

color	**cityscape**	**advance**
daguerreotype	**cross-hatching**	**composition**
form	**flip book**	**detail**
incising	**illusions**	**horizon**

colores intermedios	paisaje	línea
material	medios mixtos	movimiento
cartón piedra	perspectiva	fotograma
fotomontaje	espacio positivo	colores primarios

line	landscape	intermediate colors
movement	mixed-media	material
photogram	perspective	papier-mâché
primary colors	positive space	photomontage

retroceder	tamaño relativo	rayar
colores secundarios	figura	dibujo
usar placas de arcilla	espacio	narración
trompe l'oeil	simetría vertical	acuarela

score

relative size

recede

sketch

shape

secondary colors

storytelling

space

slab method

watercolor

vertical symmetry

trompe l'oeil

Harcourt Brace School Publishers